Scoprire i Giochi Gratuiti Online

Disponibile Qui:

BestActivityBooks.com/FREEGAMES

5 CONSIGLI PER INIZIARE

1) COME RISOLVERE LE PAROLE INTRECCIATTE

I puzzle hanno un formato classico:

- Le parole sono nascoste senza spazi o trattini,...
- Orientamento: Le parole possono essere scritte in avanti, indietro, verso l'alto, verso il basso o in diagonale (possono essere invertite).
- Le parole possono sovrapporsi o intersecarsi.

2) APPRENDIMENTO ATTIVO

Accanto ad ogni parola c'è uno spazio per scrivere la traduzione. Per incoraggiare l'apprendimento attivo, un **DIZIONARIO** alla fine di questa edizione vi permetterà di controllare e ampliare le vostre conoscenze. Cerca e scrivi le traduzioni, trovale nel puzzle e aggiungile al tuo vocabolario!

3) SEGNARE LE PAROLE

Puoi inventare il tuo sistema di segni. Forse ne usi già uno? Per esempio, puoi segnare le parole difficili da trovare con una croce, le parole preferite con una stella, le parole nuove con un triangolo, le parole rare con un diamante, e così via.

4) STRUTTURARE L'APPRENDIMENTO

Questa edizione offre un **TACCUINO** alla fine del libro. In vacanza, in viaggio o a casa, puoi organizzare facilmente le tue nuove conoscenze senza bisogno di un secondo quaderno!

5) AVETE FINITO TUTTE LE GRIGLIE?

Nelle ultime pagine di questo libro, nella sezione della **SFIDA FINALE**, troverete un gioco gratuito!

Facile e veloce! Dai un'occhiata alla nostra collezione di libri di attività per il tuo prossimo momento di divertimento e **apprendimento,** a portata di clic!

Trova la tua prossima sfida su:

BestActivityBooks.com/MioProssimoLibro

Ai vostri posti, pronti...Via!

Sapevi che ci sono circa 7.000 lingue diverse nel mondo? Le parole sono preziose.

Amiamo le lingue e abbiamo lavorato duramente per creare libri di altissima qualità. I nostri ingredienti?

Una selezione di argomenti adatti all'apprendimento, tre buone porzioni di intrattenimento, una cucchiaiata di parole difficili e una spolverata di parole rare. Li serviamo con amore e entusiasmo in modo che tu possa risolvere i migliori giochi di parole e divertirti imparando!

La vostra opinione è essenziale. Puoi partecipare attivamente al successo di questo libro lasciandoci un commento. Ci piacerebbe sapere cosa ti è piaciuto di più di questa edizione.

Ecco un link veloce alla pagina dell'ordine:

BestBooksActivity.com/Recensione50

Grazie per il vostro aiuto e buon divertimento!

Tutta la squadra

1 - Scacchi

```
I  O  B  H  Ţ  W  Q  C  O  N  C  U  R  S
G  N  A  W  D  L  Y  S  Y  P  A  S  I  V
I  S  T  R  A  T  E  G  I  E  M  P  R  B
C  A  I  E  N  E  G  R  U  J  P  U  C  H
A  B  M  G  L  F  J  K  X  O  I  N  S  Ţ
A  L  P  I  X  I  R  A  R  J  O  C  A  M
L  C  B  N  Y  Ţ  G  Z  B  U  N  T  C  H
S  R  K  Ă  Z  A  C  E  F  C  X  E  R  K
A  D  V  E  R  S  A  R  N  Ă  T  Q  I  Ţ
D  I  A  G  O  N  A  L  Ă  T  U  A  F  D
R  E  G  U  L  I  X  W  I  O  R  G  I  T
P  R  O  V  O  C  Ă  R  I  R  N  E  C  X
I  W  Z  M  Y  T  L  R  E  G  E  S  I  N
H  E  P  K  P  P  P  X  H  Ţ  U  F  U  K
```

ADVERSAR
ALB
CAMPION
CONCURS
DIAGONALĂ
JUCĂTOR
JOC
INTELIGENT
NEGRU
PASIV

PUNCTE
REGE
REGINĂ
REGULI
SACRIFICIU
PROVOCĂRI
STRATEGIE
TIMP
TURNEU

2 - Aggettivi #2

```
G O E I N T E R E S A N T E
D U L C E D A F W Y F M N L
C E L E B R U S C A T C E E
T R S Ă R A T M S G Ţ I T G
T H E N H M Â N D R U H D A
S H S A F A F O A M E K C N
A Q L N T T B N O R M A L T
P U R O F I R E S C R A D C
R W T U W C V S Ă N Ă T O S
J G R E S P O N S A B I L S
N Ţ K R N P R O D U C T I V
B V X C D T P U T E R N I C
T A A X R O I V V N A G M T
O D Ţ S D E S C R I P T I V
```

FOAME
USCAT
AUTENTIC
CREATIV
DESCRIPTIV
DULCE
DRAMATIC
ELEGANT
CELEBRU
PUTERNIC

INTERESANT
FIRESC
NORMAL
NOU
MÂNDRU
PRODUCTIV
PUR
RESPONSABIL
SĂRAT
SĂNĂTOS

3 - Mobili

```
B  P  Y  S  R  S  G  M  S  L  B  C  L  S
G  J  O  I  A  S  A  L  T  E  A  H  Z  Y
P  E  R  N  Ă  I  B  S  O  B  N  M  V  A
M  Y  M  O  Z  P  A  E  V  I  C  X  P  V
H  Z  Q  N  C  O  V  O  R  R  Ă  L  F  Ă
S  A  F  U  T  O  N  D  K  O  U  U  Y  C
V  J  M  O  K  P  F  C  A  U  P  F  O  X
R  M  C  A  N  A  P  E  A  G  E  O  G  G
M  A  J  A  C  T  S  K  G  G  R  T  L  D
V  G  F  H  Q  N  C  Ț  R  E  D  O  I  D
I  C  F  T  X  L  A  R  X  C  E  L  N  C
I  R  G  I  U  I  U  A  Q  G  L  I  D  O
T  C  B  P  E  R  N  E  L  I  E  U  Ă  J
Q  M  B  I  B  L  I  O  T  E  C  Ă  S  P
```

HAMAC	BANCĂ
PERNE	FOTOLIU
PERNĂ	RAFTURI
CANAPEA	BIROU
FUTON	SCAUN
LAMPĂ	OGLINDĂ
PAT	COVOR
BIBLIOTECĂ	PERDELE
SALTEA	

4 - Pesca

```
R  M  J  F  M  Z  F  B  G  K  W  C  N  B
Ă  O  G  R  I  A  W  P  R  L  A  C  O  I
B  M  R  Â  U  J  O  C  E  A  N  P  U  Ş
D  E  E  D  N  D  V  B  U  T  N  N  A  A
A  A  O  G  B  E  E  U  T  I  Q  H  R  K
R  L  Y  U  N  X  N  C  A  C  C  G  I  T
E  Ă  N  P  L  A  J  Ă  T  Â  Y  Z  P  I
A  W  R  R  I  G  H  T  E  R  G  S  I  R
D  P  O  D  E  E  M  A  C  L  L  G  O  F
Ţ  U  Ă  Q  W  R  I  R  P  I  V  I  A  A
B  A  R  C  Ă  A  I  Ţ  Y  G  E  M  R  L
C  T  I  S  Z  R  V  S  Â  R  M  Ă  E  C
F  Q  Ţ  X  S  E  Z  O  N  A  V  H  B  Ă
E  C  H  I  P  A  M  E  N  T  G  U  L  E
```

APĂ   CÂRLIG
ECHIPAMENT   LAC
BARCĂ   FALCĂ
BRANHII   OCEAN
COŞ   RĂBDARE
BUCĂTAR   GREUTATE
EXAGERARE   ARIPIOARE
MOMEALĂ   PLAJĂ
SÂRMĂ   SEZON
RÂU

5 - Aggettivi #1

```
I  G  H  A  C  T  I  V  J  W  C  W  S  R
M  P  E  R  F  E  C  T  C  I  Î  W  I  O
E  V  I  N  L  W  H  V  M  D  N  T  N  E
N  A  G  R  E  U  Z  O  W  E  C  E  C  X
S  L  K  C  Q  R  N  D  G  N  E  L  E  O
M  O  D  E  R  N  O  G  A  T  T  A  R  T
A  R  O  M  A  T  S  S  M  I  N  B  I  I
R  O  T  L  R  Ţ  U  I  B  C  Q  S  G  C
E  S  I  C  T  C  B  G  I  N  U  O  C  C
M  Q  N  W  I  X  Ţ  K  Ţ  P  E  L  S  Ţ
W  Y  E  U  S  I  I  K  I  K  C  U  Y  C
L  U  R  B  T  M  R  U  O  T  U  T  V  L
X  T  I  K  I  X  E  N  S  S  Q  Q  Q  T
E  J  T  U  C  I  M  P  O  R  T  A  N  T
```

AMBIŢIOS
AROMAT
ARTISTIC
ABSOLUT
ACTIV
IMENS
EXOTIC
GENEROS
TINERI
MARE

IDENTIC
IMPORTANT
ÎNCET
LUNG
MODERN
SINCER
PERFECT
GREU
VALOROS
SUBŢIRE

6 - Geologia

```
C O N T I N E N T S C Y L G
M P L A T O U A D N R F A H
I A Ț Ț X H T S A R E X V E
N V C U L O L J J X U S Ă I
E U O I X C W E D Ț F T C Z
R L R A D T U C Z T P A U E
A C A O K L K A C S I L T R
L A L F O S I L R I A A R G
E N C T W T I C I Ț T C E H
G Ț J D I R I I S Ț R T M K
Z D V C P A Ț U T H Ă I U A
D Z B X I T B M A E V T R S
E R O Z I U N E L I U M D D
C A V E R N Ă H E N Q L N Q
```

ACID
PLATOU
CALCIU
CAVERNĂ
CONTINENT
CORAL
CRISTALE
EROZIUNE
FOSIL
GHEIZER

LAVĂ
MINERALE
PIATRĂ
CUARȚ
SARE
STALACTIT
STRAT
CUTREMUR
VULCAN

7 - Campeggio

```
B U S O L Ă L U F L C S H H
R M S U L C K A Z N A R A F
Q E G W F K M V C A B T M R
V Â N Ă T O A R E T I K A Â
R C B X T D C F D U N Ţ C N
H A R T Ă A Y O S R Ă M O G
Z I C O R T U B P Ă H S U H
A N I M A L E G K A T R V I
M S A V E N T U R Ă C K P E
U E K O P Ă L Ă R I E I Ă O
N C A N O E U D M R N X D E
T T U V L V N A Z I V Ţ U K
E Ă Ţ Z L B A O M D B F R J
D I S T R A C Ţ I E D Q E M
```

COPACI
HAMAC
ANIMALE
AVENTURĂ
BUSOLĂ
CABINĂ
VÂNĂTOARE
CANOE
PĂLĂRIE
FRÂNGHIE

DISTRACŢIE
PĂDURE
FOC
INSECTĂ
LAC
LUNA
HARTĂ
MUNTE
NATURĂ
CORT

8 - Arti Visive

```
N C A P O D O P E R Ă P S C
P E R S P E C T I V Ă O C R
U I B C E A R Ă L Y U R U E
Ţ X X D S N R I A G F T L I
O J O G C M X P C Z I R P O
C O M P O Z I Ţ I E L E T N
Ș L C Ă R B U N E C M T U B
I E R J U V L P Y G T F R C
M M V Y G H Z D R Y Y U Ă I
B E N A R G I L Ă D P A R F
M B X Z L C R E T Ă X S U A
A R H I T E C T U R Ă Ţ U L
Ţ M D A F O T O G R A F I E
A R T I S T C E R A M I C Ă
```

ARHITECTURĂ
ARGILĂ
ARTIST
CAPODOPERĂ
CĂRBUNE
ȘEVALET
CEARĂ
CERAMICĂ
COMPOZIȚIE
FILM

FOTOGRAFIE
CRETĂ
CREION
PIX
PICTURA
PERSPECTIVĂ
PORTRET
SCULPTURĂ
LAC

9 - Esplorazione

```
A  Ț  X  J  H  U  I  N  O  U  R  T  A  D
X  O  V  W  L  C  Q  U  E  S  T  E  M  E
P  E  R  I  C  U  L  O  S  R  V  R  R  S
P  P  K  K  U  L  O  W  Q  O  B  E  L  C
E  U  G  S  R  T  U  T  Q  Ț  Z  N  Ț  O
R  I  Q  J  A  U  A  N  I  M  A  L  E  P
I  Z  J  W  J  R  E  U  S  L  M  B  O  E
C  A  F  A  U  I  J  M  A  P  M  Z  U  R
O  R  L  I  M  B  A  L  O  M  A  Y  F  I
L  E  C  K  V  K  E  T  L  Ț  W  Ț  K  R
E  Y  F  D  S  Ă  L  B  A  T  I  C  I  E
A  C  T  I  V  I  T  A  T  E  I  E  B  U
N  E  C  U  N  O  S  C  U  T  F  Y  E  Q
D  E  T  E  R  M  I  N  A  R  E  N  B  Q
```

ANIMALE
ACTIVITATE
CURAJ
CULTURI
DETERMINARE
EMOȚIE
EPUIZARE
LIMBA
NOU

PERICOLE
PERICULOS
QUEST
NECUNOSCUT
DESCOPERIRE
SĂLBATIC
SPAȚIU
TEREN

10 - Tempo

```
C  U  G  G  S  P  G  V  W  Z  C  R  G  F
A  U  Y  E  X  Ţ  D  X  Ţ  P  E  X  H  F
L  S  R  K  G  Ţ  K  G  N  Q  A  O  C  N
E  Ă  F  Â  N  F  L  U  Z  W  S  L  G  G
N  P  G  F  N  J  T  N  U  A  K  Ţ  A  S
D  T  N  X  K  D  U  P  Ă  W  N  L  Î  E
A  Ă  O  R  Ă  M  I  N  U  T  V  U  N  C
R  M  A  M  I  A  Z  Ă  B  Z  I  D  A  O
I  Â  P  U  D  Y  F  H  H  P  I  G  I  L
I  N  T  K  C  M  C  C  Ţ  B  T  U  N  U
U  Ă  E  I  G  E  Y  X  O  Q  O  R  T  N
T  O  A  D  E  C  E  N  I  U  R  P  E  Ă
R  Z  Z  F  C  R  A  N  I  P  P  J  H  F
O  J  I  U  V  D  I  M  I  N  E  A  Ţ  Ă
```

AN
ANUAL
CALENDAR
DECENIU
DUPĂ
VIITOR
ZI
IERI
DIMINEAŢĂ
LUNĂ

AMIAZĂ
MINUT
NOAPTE
AZI
ORĂ
CEAS
CURÂND
ÎNAINTE
SECOL
SĂPTĂMÂNĂ

11 - Astronomia

```
R A S T R O N A U T O A S Q
G A L A X I E I F K B S R C
G H D U N I V E R S S T A O
E C H I N O C Ţ I U E E C N
L Q P L A N E T Ă K R R H S
G U M O S Ţ Y S N B V O E T
Ţ Z N P T R I C E T A I T E
C E R A R O C E B E T D Ă L
V Ţ Y L O K O Y U L O M O A
P Ă M Â N T S S L E R E I Ţ
A B R I O L M O O S D T L I
W F B U M H O F A C Y E Ţ E
H V Y M G R S Ţ S O T O Y G
S U P E R N O V Ă P T R N C
```

ASTEROID
ASTRONAUT
ASTRONOM
CER
COSMOS
CONSTELAŢIE
ECHINOCŢIU
GALAXIE
LUNA
METEOR

NEBULOASĂ
OBSERVATOR
PLANETĂ
RADIAŢIE
RACHETĂ
SUPERNOVĂ
TELESCOP
PĂMÂNT
UNIVERS

12 - Circo

```
B C B M Z H H I T Z N Y E P
I O Q A O W V M U Z I C Ă A
L S Ţ G L E U U X B A L E R
E T N I C O R Ţ Z O C O A A
T U L C S J A M S M R V D D
J M C I Z B M N P B O N P Ă
A O E A I Q X J E O B E M T
Q N N N J P L T C A A J A W
Y F I G C Q W I T N T R I M
Ţ F W M L H E P A E J F M A
T C W F A E L K T I G R U G
R X U A U L R N O M F P Ţ I
U X U U J W E J R U H W Ă E
C X B T K N E L E F A N T D
```

ACROBAT   MAGICIAN
ANIMALE   MUZICĂ
BILET   BALOANE
BOMBOANE   PARADĂ
CLOVN   MAIMUŢĂ
COSTUM   SPECTATOR
ELEFANT   CORT
JONGLER   TIGRU
LEU   TRUC
MAGIE

13 - Mitologia

```
J  B  M  U  K  R  D  D  D  S  I  W  C  Z
L  E  G  E  N  D  Ă  E  R  O  U  N  R  E
M  O  N  S  T  R  U  Z  Z  I  A  E  E  I
C  U  L  T  U  R  Ă  A  B  A  B  E  A  T
T  G  N  A  U  K  U  Z  R  O  S  T  R  Ă
Ă  U  Q  R  H  D  R  U  S  M  I  T  E  Ț
R  D  N  H  M  A  G  I  C  U  J  N  R  I
I  Y  G  E  L  O  Z  I  E  R  Ț  M  I  U
E  P  M  T  T  W  G  Ț  G  I  P  T  I  C
L  A  B  I  R  I  N  T  X  H  C  Z  S
V  F  Ă  P  T  U  R  Ă  Q  O  V  J  E  I
F  U  L  G  E  R  K  Ț  N  R  W  F  W  T
Z  C  O  M  P  O  R  T  A  M  E  N  T  S
N  E  M  U  R  I  R  E  Ț  L  V  G  H  G
```

ARHETIP	GELOZIE
COMPORTAMENT	RĂZBOINIC
FĂPTURĂ	NEMURIRE
CREARE	LABIRINT
CULTURĂ	LEGENDĂ
DEZASTRU	MAGIC
ZEITĂȚI	MURITOR
EROU	MONSTRU
TĂRIE	TUNET
FULGER	

14 - Piante

```
C R E Ș T E T F L O A R E M
M U Ș C H I A R B Ă Z Ă D Î
P E T A L Ă S C L W G D D N
F G I C P F A S O L E Ă G G
R V H T B Ă E V T X M C Y R
U E V U A O D G R Ă D I N Ă
N G D S M I T U L H C N F Ș
Z E N Z B E T A R F I Ă Z Ă
E T R I U D L U N E H Y J M
B A C Ă S E W T F I A C Y Â
X Ț Q A L R V T L I C L G N
K I W T G Ă W L O B Ș Ă Q T
U E H X K N M X R W A Z A R
C O P A C B I B Ă E H G Z B
```

COPAC	ÎNGRĂȘĂMÂNT
BACĂ	FLOARE
BAMBUS	FLORĂ
BOTANICĂ	FRUNZE
CACTUS	PĂDURE
TUFIȘ	GRĂDINĂ
CREȘTE	MUȘCHI
IEDERĂ	PETALĂ
IARBĂ	RĂDĂCINĂ
FASOLE	VEGETAȚIE

15 - Spezie

```
C  J  N  C  J  S  W  Ș  U  C  L  R  M  B
P  U  F  A  Ț  C  S  O  S  H  E  N  D  F
U  J  J  K  R  O  C  F  T  A  M  A  R  F
C  U  R  R  Y  R  A  R  U  A  N  P  P  T
U  S  W  N  N  Ț  R  A  R  T  D  A  W  Ă
R  G  A  Z  W  I  D  N  O  D  U  P  V  H
C  H  N  R  X  Ș  A  U  I  Y  L  R  G  O
U  I  A  P  E  O  M  K  L  Z  C  I  S  F
M  M  S  I  S  A  O  T  U  C  E  K  O  E
Ă  B  O  P  K  R  M  K  C  S  E  A  S  N
V  I  N  E  F  Ă  V  A  N  I  L  I  E  I
J  R  L  R  C  O  R  I  A  N  D  R  U  C
Q  C  H  I  M  I  O  N  G  S  Ț  U  K  U
N  E  N  U  C  Ș  O  A  R  Ă  U  Q  C  L
```

USTUROI	DULCE
AMAR	FENICUL
ANASON	LEMN DULCE
SCORȚIȘOARĂ	NUCȘOARĂ
CARDAMOM	PAPRIKA
CEAPĂ	PIPER
CORIANDRU	SARE
CHIMION	VANILIE
CURCUMĂ	ȘOFRAN
CURRY	GHIMBIR

16 - Numeri

```
C  I  N  C  I  S  P  R  E  Z  E  C  E  C
Ș  A  P  T  E  S  P  R  E  Z  E  C  E  G
O  P  T  S  P  R  E  Z  E  C  E  X  L  L
Q  W  L  N  L  B  N  L  O  P  T  Ț  R  Ț
X  Ș  D  O  I  S  P  R  E  Z  E  C  E  M
K  A  X  U  B  G  V  D  R  K  M  Ș  F  P
A  P  S  Ă  K  R  K  O  J  T  O  A  W  A
L  T  B  T  C  H  T  U  W  C  R  S  F  T
Z  E  C  E  R  Y  I  Ă  C  Ț  S  E  D  R
S  W  N  H  Z  E  Z  Z  K  I  W  Ț  R  U
K  K  S  Z  M  Z  I  E  H  J  N  D  O  I
Z  E  C  I  M  A  L  C  N  R  M  C  T  V
T  B  F  N  H  F  C  I  Z  E  R  O  I  I
P  A  I  S  P  R  E  Z  E  C  E  Y  S  A
```

CINCI
ZECIMAL
ȘAPTESPREZECE
OPTSPREZECE
ZECE
DOISPREZECE
DOI
NOUĂ
OPT

PAISPREZECE
PATRU
CINCISPREZECE
ȘASE
ȘAPTE
TREI
DOUĂZECI
ZERO

17 - Cioccolato

```
N C A L I T A T E C I R F X
D U L C E C O O V A N E A I
Ț U C A R A M E L L G Ț N O
Z A H Ă R I B H P O R E T F
N O B P D D G D O R E T I X
J I Ț D X E C A F I D Ă O A
B D A M A R C R T I I K X R
Ț O E F Ț M M O A E E J I A
U D M L J A B M C X N C D H
Ț Q T B I Y V Ă X O T A A I
G U S T O C A H K T S C N D
B J K W R A I M K I M A T E
K Z I U T Q N O O C Ț O M U
F A V O R I T E S J V K T I
```

AMAR
ANTIOXIDANT
ARAHIDE
POFTA
CACAO
CALORII
BOMBOANE
CARAMEL
DELICIOS
DULCE

EXOTIC
GUST
AROMĂ
INGREDIENT
NUCĂ DE COCOS
FAVORIT
CALITATE
REȚETĂ
ZAHĂR

18 - Guida

```
F  M  G  G  P  M  A  Ș  I  N  Ă  A  D  V
D  O  X  A  V  I  D  V  K  M  W  U  R  I
Ț  T  W  R  T  K  E  H  H  A  R  T  Ă  T
U  O  L  A  A  U  D  T  M  O  T  O  R  E
X  C  Z  J  C  G  N  R  O  R  V  B  Y  Z
H  I  S  Y  C  M  B  E  U  N  L  U  A  Ă
J  C  I  W  I  X  V  X  L  M  I  Z  O  I
N  L  G  S  D  F  S  X  Ț  X  C  L  C  H
J  E  U  G  E  T  F  R  Â  N  E  R  N  H
J  T  R  A  N  S  P  O  R  T  N  D  M  W
N  Ă  A  Z  T  R  A  F  I  C  Ț  E  L  F
K  K  N  P  O  L  I  T  I  E  Ă  Y  I  G
P  M  Ț  P  E  R  I  C  O  L  E  I  R  X
D  Q  Ă  C  O  M  B  U  S  T  I  B  I  L
```

MAȘINĂ	MOTOR
AUTOBUZ	PIETON
COMBUSTIBIL	PERICOL
FRÂNE	POLITIE
GARAJ	SIGURANȚĂ
GAZ	DRUM
ACCIDENT	TRAFIC
LICENȚĂ	TRANSPORT
HARTĂ	TUNEL
MOTOCICLETĂ	VITEZĂ

19 - Sport

```
A  M  A  P  M  O  C  A  J  G  U  G  L  G
T  R  P  L  I  B  A  S  E  B  A  L  L  I
L  P  E  H  Ș  E  M  R  U  W  X  I  T  M
E  O  U  T  C  C  P  T  B  Ț  S  L  E  N
T  F  S  T  A  D  I  O  N  I  K  A  N  A
A  B  H  W  R  M  O  Q  H  J  T  Y  I  S
N  I  G  E  E  C  N  C  O  U  X  R  S  T
T  C  U  F  C  J  A  L  C  C  D  D  U  I
R  I  Q  L  G  H  T  J  H  Ă  T  P  R  C
E  C  V  M  O  F  I  L  E  T  V  J  K  Ă
N  L  J  F  L  Y  H  P  I  O  F  Z  R  S
O  E  O  L  F  A  P  Q  Ă  R  Y  G  Q  W
R  T  C  Z  Ț  Ț  D  B  A  S  C  H  E  T
O  Ă  C  Â  Ș  T  I  G  Ă  T  O  R  L  K
```

ANTRENOR	JOC
ARBITRU	GOLF
ATLET	HOCHEI
BASEBALL	MIȘCARE
BASCHET	ECHIPĂ
BICICLETĂ	STADION
CAMPIONAT	TENIS
GIMNASTICĂ	CÂȘTIGĂTOR
JUCĂTOR	

20 - Giocattoli

```
C  Ă  R  Ț  I  T  F  Y  J  Q  Y  O  E  S
A  T  O  B  E  Ș  A  H  J  A  X  R  Z  C
A  A  B  Z  L  Z  V  M  O  I  V  Z  F  F
F  Y  O  M  Ț  X  O  B  C  A  M  I  O  N
X  Y  T  E  X  M  R  K  U  L  U  Ț  O  Q
P  Ă  P  U  Ș  Ă  I  R  R  O  L  W  M  N
O  J  X  Z  Q  D  T  N  I  K  L  P  A  V
K  M  E  Ș  T  E  Ș  U  G  U  R  I  Ș  P
B  I  C  I  C  L  E  T  Ă  E  E  N  I  U
A  T  R  Y  U  U  I  R  F  C  C  K  N  Z
R  U  F  M  Ț  T  X  E  N  V  C  L  Ă  Z
C  C  I  M  J  E  Q  N  W  X  G  W  V  L
Ă  R  I  M  A  G  I  N  A  Ț  I  E  L  E
Q  O  O  V  O  P  S  E  L  E  S  A  C  S
```

AVION
ZMEU
LUT
MEȘTEȘUGURI
MAȘINĂ
PĂPUȘĂ
BARCĂ
TOBE
BICICLETĂ
CAMION

JOCURI
IMAGINAȚIE
CĂRȚI
MINGE
FAVORIT
PUZZLE
ROBOT
ȘAH
TREN
VOPSELE

21 - Strumenti di Cottura

```
L  F  O  V  H  C  B  L  E  N  D  E  R  Ţ
C  I  O  A  C  A  O  W  V  X  X  A  S  Y
E  L  N  R  C  P  F  O  A  R  F  E  C  E
A  T  T  G  D  A  U  B  B  Q  U  R  O  P
I  R  J  Ţ  U  C  R  U  L  C  C  P  F  F
N  U  S  T  O  R  C  Ă  T  O  R  G  Z  S
I  D  X  I  V  Q  Ă  A  C  B  W  T  I  P
C  R  Ă  Z  Ă  T  O  A  R  E  I  B  K  A
S  T  R  E  C  U  R  Ă  T  O  A  R  E  T
O  C  U  H  U  M  B  Z  U  N  P  D  E  U
B  V  G  T  Ţ  T  A  C  Â  M  U  R  I  L
Ă  F  F  R  I  G  I  D  E  R  S  G  Y  Ă
D  B  L  N  T  E  R  M  O  M  E  T  R  U
N  S  Z  K  C  U  P  T  O  R  R  X  L  E
```

CEAINIC	FRIGIDER
STRECURĂTOARE	BLENDER
CUŢIT	RĂZĂTOARE
CAPAC	TACÂMURI
LINGURĂ	SPATULĂ
FILTRU	STORCĂTOR
FOARFECE	SOBĂ
FURCĂ	TERMOMETRU
CUPTOR	

22 - Uccelli

```
O U G M J O G P U I T C F T
D O Z Q Y K Â E K A O T L R
T M H U N M S S B J U G A D
C U C F N H C C J T C N M E
T Y V P F K Ă Ă V R A B I E
P A P A G A L R S A N A N F
J Z S M H S G U T Ț L R G P
Z S J D H T M Ș Â Ă L Z O O
P T O A V R M L R R V Ă X R
V Ș Ț J F U H E C P K T U U
N O I Ț O Ț L E B Ă D Ă Z M
P I N G U I N T U U Z A Y B
W M Y P C N C L U N Y Z O E
P E L I C A N P U R P P R L
```

STÂRC	PAPAGAL
RAȚĂ	VRABIE
VULTUR	PĂUN
BARZĂ	PELICAN
LEBĂDĂ	PORUMBEL
CUC	PINGUIN
ȘOIM	PUI
FLAMINGO	STRUȚ
PESCĂRUȘ	TOUCAN
GÂSCĂ	OU

23 - Giorni e Mesi

```
C A N R G Q I Q M P D T S I
A N V O Y P K M I M E Q Ă L
L X W O I U N I E N C G P A
E S E P T E M B R I E O T G
N H V I A J M G C D M C Ă H
D K I A C P L B U U B T M S
A G N N S O R R R M R O Â Â
R A E U I R K I I I I M N M
D U R A U P G L L N E B Ă B
K G I R L Q O U K I L R W Ă
L U N I I P G N M C E I B T
Y S X E E J W Ă S Ă R E G Ă
W T F E B R U A R I E I L L
S E T M A R Ț I O S X G Y Y
```

AUGUST	LUNI
AN	MARȚI
APRILIE	MIERCURI
CALENDAR	LUNĂ
DECEMBRIE	NOIEMBRIE
DUMINICĂ	OCTOMBRIE
FEBRUARIE	SÂMBĂTĂ
IANUARIE	SEPTEMBRIE
IUNIE	SĂPTĂMÂNĂ
IULIE	VINERI

24 - Casa

```
O G L I N D Ă Z N M R G F B
M H U G A R D U Ș A O R N U
W Ă G T M T F S I N B Ă P C
W A T F U L B Q G S I D E Ă
G C Y U J J I M E A N I C T
V O Ț K R I B W I R E N R Ă
L P U Q U Ă L P R D T Ă Z R
A E Ț C V T I V S Ă F H C I
M R Z R S A O P Y A O A A E
P I J Q Ț V T E U P Ț C M H
Ă Ș P Q G A E R Ș P O D E A
C O V O R N C E Ă V J S R W
G A R A J K Ă T J X A G Ă O
L N N B F E R E A S T R Ă A
```

MANSARDĂ	PERETE
BIBLIOTECĂ	PODEA
CAMERĂ	UȘĂ
VATRĂ	GARD
BUCĂTĂRIE	ROBINET
DUȘ	MĂTURĂ
FEREASTRĂ	TAVAN
GARAJ	OGLINDĂ
GRĂDINĂ	COVOR
LAMPĂ	ACOPERIȘ

25 - Ristorante #1

```
P  H  E  S  M  S  O  S  X  G  V  M  C  O
I  Q  U  M  C  E  D  Ț  P  Y  N  W  U  L
C  A  F  E  A  J  N  G  V  Â  A  V  Ț  J
A  I  I  D  S  D  N  I  D  F  I  S  I  Q
N  E  N  R  I  P  J  T  U  A  B  N  T  C
T  X  S  G  E  C  A  S  T  R  O  N  E  H
T  H  D  K  R  V  N  A  Y  F  U  A  Ș  E
C  A  R  N  E  E  R  Z  X  U  F  L  E  L
A  F  S  N  L  B  D  R  N  R  Ț  E  R  N
B  U  C  Ă  T  Ă  R  I  E  I  Ț  R  V  E
P  U  I  X  T  W  M  Ț  E  E  E  G  E  R
R  E  Z  E  R  V  A  R  E  N  G  I  Ț  I
Z  B  E  I  A  L  I  M  E  N  T  E  E  Ț
D  E  S  E  R  T  D  J  Z  I  A  E  L  Ă
```

ALERGIE	INGREDIENTE
CAFEA	MENIU
CHELNERIȚĂ	PÂINE
CARNE	FARFURIE
CASIER	PICANT
ALIMENTE	PUI
CASTRON	REZERVARE
CUȚIT	SOS
BUCĂTĂRIE	ȘERVEȚEL
DESERT	

26 - Fantascienza

```
M  H  S  N  F  J  U  T  O  P  I  E  C  E
D  I  S  T  O  P  I  E  O  F  M  F  N  X
G  P  S  A  C  K  K  N  J  E  A  Q  D  P
D  A  Z  T  E  H  N  O  L  O  G  I  E  L
T  M  L  Z  E  X  T  R  E  M  I  Ţ  L  O
I  G  S  A  L  R  J  D  H  Z  N  F  U  Z
M  Z  Ţ  L  X  T  I  K  X  P  A  F  M  I
U  L  Q  B  P  I  C  O  E  K  R  U  E  E
C  I  N  E  M  A  E  Ă  S  R  E  T  A  I
O  R  A  C  O  L  P  A  R  L  A  U  T  L
R  O  B  O  Ţ  I  F  T  K  Ţ  L  R  O  U
P  L  A  N  E  T  Ă  O  H  D  I  I  M  Z
F  A  N  T  A  S  T  I  C  R  S  S  I  I
F  C  T  I  Ţ  S  P  E  F  O  T  T  C  E
```

ATOMIC	IMAGINAR
CINEMA	CĂRŢI
DISTOPIE	MISTERIOS
EXPLOZIE	LUME
EXTREM	ORACOL
FANTASTIC	PLANETĂ
FOC	REALIST
FUTURIST	ROBOŢI
GALAXIE	TEHNOLOGIE
ILUZIE	UTOPIE

27 - Città

```
P  I  A  Ț  Ă  N  N  E  H  F  I  Z  E  F
B  A  N  C  Ă  Q  I  H  Y  O  V  P  L  L
B  I  C  R  H  G  M  R  M  F  T  N  H  O
R  A  B  I  F  A  R  M  A  C  I  E  D  R
U  E  U  L  N  Q  X  I  G  F  N  S  L  A
T  R  C  G  I  E  E  G  A  S  Q  T  W  R
Ă  O  L  E  N  O  M  U  Z  E  U  A  H  U
R  P  I  F  V  O  T  A  I  O  Y  D  X  B
I  O  N  Y  T  Y  L  E  N  K  G  I  A  Ş
E  R  I  R  E  Q  N  S  C  Ț  X  O  X  C
G  T  C  O  A  S  L  H  L  Ă  S  N  F  O
G  B  A  V  T  L  I  B  R  Ă  R  I  E  A
S  U  P  E  R  M  A  R  K  E  T  S  J  L
Y  F  J  Z  U  G  A  L  E  R  I  E  M  Ă
```

AEROPORT	LIBRĂRIE
BANCĂ	PIAȚĂ
BIBLIOTECĂ	MUZEU
CINEMA	MAGAZIN
CLINICA	BRUTĂRIE
FARMACIE	ŞCOALĂ
FLORAR	STADION
GALERIE	SUPERMARKET
HOTEL	TEATRU

28 - Virtù #1

```
A  M  Q  I  M  A  Î  P  P  Q  Z  D  T  M
M  O  P  P  N  R  W  N  Z  F  H  Z  U  L
U  D  S  R  U  T  G  C  Ț  R  U  I  T  M
Z  E  P  A  C  I  E  N  T  E  R  N  I  M
A  S  H  C  Q  S  N  L  P  V  L  D  L  E
N  T  Y  T  W  T  E  F  I  C  I  E  N  T
T  P  R  I  T  I  R  W  N  G  J  P  P  X
X  G  Ț  C  P  C  O  B  U  N  E  E  I  T
K  J  D  E  C  I  S  I  V  M  W  N  Ț  U
P  A  S  I  O  N  A  T  R  T  I  D  T  B
D  E  Î  N  C  R  E  D  E  R  E  E  Z  Ț
F  E  R  M  E  C  Ă  T  O  R  Z  N  Y  A
S  A  D  P  K  R  N  F  N  L  H  T  R  C
X  C  U  R  A  T  B  C  U  R  I  O  S  Z
```

FERMECĂTOR	GENEROS
DE ÎNCREDERE	INDEPENDENT
PASIONAT	INTELIGENT
ARTISTIC	MODEST
BUN	PACIENT
CURIOS	PRACTIC
DECISIV	CURAT
AMUZANT	ÎNȚELEPT
EFICIENT	UTIL

29 - Compleanno

```
G H M F O K Z T O R T I C Î
T I M P O P R I E T E N I N
A T Ţ L U M Â N Ă R I Ţ D Ţ
T L Ţ Z W S P E C I A L I E
D Ţ Z A W X O R Z J A N S L
J C Y N G E Z I Y O G Ă T E
A C A L E N D A R E Q S R P
F M T M H Z L C K E S C A C
C E I N V I T A Ţ I I U C I
C A R N R P G R K B V T Ţ U
Q K D I T B H D S T E Y I N
R F L O C I W U X B S Ţ E E
V A S P U I R R Z I E B X K
C Â N T E C T I M T L A R Y
```

PRIETENI
AN
CALENDAR
LUMÂNĂRI
CÂNTEC
CARDURI
DISTRACŢIE
FERICIT
VESEL
ZI

TINERI
INVITAŢII
NĂSCUT
CADOU
AMINTIRI
ÎNŢELEPCIUNE
SPECIAL
TIMP
TORT

30 - Fattoria #1

```
V  K  Ţ  K  W  M  S  K  E  O  Î  A  T  R
V  A  Ă  F  N  I  F  C  J  N  G  U  N
D  S  A  L  Â  S  I  E  Q  X  G  R  R  O
R  U  L  H  N  X  Z  P  R  Ţ  R  I  M  R
D  A  M  K  G  C  N  U  C  E  Ă  C  Ă  E
M  D  L  R  I  Â  G  I  Â  H  Ş  U  Ţ  Z
T  Ă  D  B  R  M  A  C  I  M  Ă  L  S  B
Q  G  G  Y  I  P  R  C  N  S  M  T  E  D
F  C  E  A  A  N  D  U  E  R  Â  U  M  S
D  T  M  X  R  A  Ă  X  N  D  N  R  I  Q
V  I  Ţ  E  L  R  L  I  P  E  T  Ă  N  B
C  A  P  R  Ă  B  J  C  O  A  P  Ă  Ţ  Z
Ţ  S  X  D  D  K  F  R  R  A  J  Ţ  E  I
P  A  W  L  P  I  S  I  C  Ă  G  X  Y  F
```

APĂ   PISICĂ
AGRICULTURĂ   TURMĂ
ALBINĂ   PORC
MĂGAR   MIERE
CÂMP   VACĂ
CÂINE   PUI
CAPRĂ   GARD
CAL   OREZ
ÎNGRĂŞĂMÂNT   SEMINŢE
FÂN   VIŢEL

31 - Paesaggi

```
L O G O H T H Z H C H E Q G
Z C G L D L X Z A N E B L W
E E V A L E G K T E K V Z J
F A M C D E A L E H S U C M
X N A L V D I Y Z C Ţ L A U
X H R X A E D C N L Y C S N
C E E P E Ş T E R Ă A A C T
Y R F W Y E T K U H I N A E
F T U N D R Ă I G Y S K D D
R B S O W T Ţ O N H B R Ă L
V L V H I N S U L Ă E Y Â V
U P E N I N S U L Ă R Ţ K U
Ţ H L T B O A Z Ă G G Ţ A H
P L A J Ă G H E I Z E R T R
```

CASCADĂ	MARE
DEAL	MUNTE
DEŞERT	OAZĂ
RÂU	OCEAN
GHEIZER	MLAŞTINĂ
GHEŢAR	PENINSULĂ
PEŞTERĂ	PLAJĂ
AISBERG	TUNDRĂ
INSULĂ	VALE
LAC	VULCAN

32 - Ristorante #2

```
F  B  T  O  R  T  G  S  J  V  V  T  P  O
B  U  Ă  D  V  A  C  T  S  C  A  U  N  T
P  D  R  U  T  L  V  J  X  P  P  Y  Z  R
F  J  Ţ  C  T  C  I  N  A  I  E  T  U  C
R  Z  I  B  Ă  U  S  G  P  O  R  L  T  C
U  E  X  Q  S  A  R  E  Ă  U  I  H  V  O
C  H  E  L  N  E  R  Ă  M  Ă  T  I  F  N
T  S  U  P  Ă  D  E  L  I  C  I  O  S  D
O  W  M  R  P  Y  B  L  E  S  V  L  L  I
M  F  D  G  H  E  A  Ţ  Ă  A  H  E  J  M
U  D  O  C  T  P  Ş  Q  D  L  L  G  K  E
L  I  N  G  U  R  Ă  T  Ţ  A  A  U  R  N
P  R  Â  N  Z  R  L  Q  E  T  T  M  L  T
L  Z  W  K  Ţ  F  O  U  I  Ă  K  E  A  E
```

APĂ   SALATĂ
APERITIV   SUPĂ
BĂUTURĂ   PEŞTE
CHELNER   PRÂNZ
CINA   SARE
LINGURĂ   SCAUN
DELICIOS   CONDIMENTE
FURCĂ   TORT
FRUCT   OUĂ
GHEAŢĂ   LEGUME

33 - Giardino

```
O P I A R B Ă X A D G L H C
C O P A C I L T W P A I A J
V Z M P Z Z Q W I R R V M Y
E G Q O G R E B L Ă D A A G
R X S Q A Z I A Q Ţ B D C R
A K I B Z R G N S M E Ă Z Ă
N Z V S O P L C N Q C L Ţ D
D F R Z N I X Ă E G V P Q I
Ă L T U F I Ș F U R T U N N
T O E T R A M B U L I N Ă Ă
G A R A J U S I T B B L O Ţ
R R A L O P A T Ă U Z Q F T
E E S O L U N I E W F S C D
K H Ă B U R U I E N I G D C
```

COPAC
HAMAC
TUFIȘ
IARBĂ
BURUIENI
FLOARE
LIVADĂ
GARAJ
GRĂDINĂ
LOPATĂ

BANCĂ
VERANDĂ
GAZON
GREBLĂ
GARD
IAZ
SOL
TERASĂ
TRAMBULINĂ
FURTUN

34 - Frutta

```
H  M  A  B  A  C  Ă  C  Z  J  Ţ  S  P  G
S  U  L  A  S  D  U  S  D  M  A  N  G  O
M  W  Ă  N  M  T  P  A  R  Ă  E  R  O  D
A  Ţ  M  A  N  U  O  P  Q  I  Y  U  C  Y
N  M  Â  N  E  P  R  U  N  Ă  K  K  R  Q
A  Ă  I  Ă  C  I  T  E  R  C  A  I  S  Ă
N  R  E  P  T  E  O  O  D  G  N  K  W  J
A  V  U  A  A  R  C  M  Q  R  J  S  A  I
S  O  R  P  R  S  A  V  O  C  A  D  O  P
V  I  U  A  I  I  L  I  D  D  D  N  R  E
X  I  U  Y  N  C  I  R  E  A  Ş  Ă  C  P
D  D  U  A  Ă  Ă  U  O  A  K  W  T  V  E
S  T  R  U  G  U  R  I  J  F  Y  F  V  N
B  C  N  X  K  O  U  Ţ  F  D  H  Q  I  E
```

CAISĂ
ANANAS
PORTOCALIU
AVOCADO
BACĂ
BANANĂ
CIREAŞĂ
KIWI
ZMEURĂ
LĂMÂIE

MANGO
MĂR
PEPENE
MURE
NECTARINĂ
PAPAYA
PARĂ
PIERSICĂ
PRUNĂ
STRUGURI

35 - Fattoria #2

```
G Â Ş T E V U S N Y S K E S
Ţ Y Y R F V Ţ T M H D X X X
V E P L V E D U K L O J E P
H A M B A R R P Ă S T O R O
M D Ţ V D Ţ V M L A M Ă D A
I X A S E S A N I M A L E I
E T R A C T O R G E K A I E
L I I Q E V K L Ţ C R P Q I
F B F C A L K G I B J T Q P
Z P O R U M B X K V P E P G
A Z R B U W I R I G A R E R
H P Z M G C R A Ţ Ă X D D Â
A L I M E N T E L N C G Ă U
L Y M N L U N C Ă E S U Z U
```

MIEL	IRIGARE
FERMIER	LAMĂ
STUP	LAPTE
RAŢĂ	PORUMB
ANIMALE	GÂŞTE
ALIMENTE	ORZ
HAMBAR	PĂSTOR
FRUCT	OAIE
LIVADĂ	LUNCĂ
GRÂU	TRACTOR

36 - Dinosauri

```
E  R  B  I  V  O  R  E  P  T  I  L  Ă  V
P  R  A  D  Ă  F  Ţ  N  U  A  R  I  P  I
Ă  R  R  B  Z  V  N  O  T  Ţ  Y  D  N  C
M  M  E  M  A  R  E  R  E  Y  Y  I  Ţ  I
Â  S  O  I  Z  S  L  M  R  L  N  S  C  O
N  G  N  X  S  Q  F  M  N  A  U  P  A  S
T  E  R  A  P  T  O  R  I  Y  M  A  R  L
F  V  A  O  E  C  O  Q  C  G  Ă  R  N  O
H  O  P  M  C  S  O  R  M  Q  R  I  I  O
L  L  S  N  I  C  P  A  I  J  I  Ţ  V  K
V  U  O  I  E  I  Z  T  D  C  M  I  O  L
I  Ţ  D  V  L  F  G  O  B  Ă  E  E  R  Z
A  I  K  O  P  E  D  A  Z  M  A  M  U  T
M  E  K  R  D  P  F  P  E  M  F  A  F  P
```

ARIPI	PUTERNIC
CARNIVOR	PRADĂ
COADĂ	PREISTORIC
ENORM	RAPTOR
ERBIVOR	REPTILĂ
EVOLUŢIE	DISPARIŢIE
FOSILE	SPECIE
MARE	MĂRIMEA
MAMUT	PĂMÂNT
OMNIVOR	VICIOS

37 - Verdure

```
U S T U R O I V R O Ș I E C
R S A L A T Ă W Â B Ț C E A
C I U P E R C Ă V N A A I S
F Y D M O R C O V X Ă R K T
H R S I D O V L E A C T F R
W W D L C G N P G K Q O Ă A
V T A N G H I N A R E F J V
Ț W Ș A K I E Y R V G I M E
C E A P Ă M A Z Ă R E K F T
O E L W V B R O C C O L I E
V G O I B I X V T Q X Y S U
V B T A N R S P A N A C L X
K C Ă T S Ă I H W G Z D M M
P Ă T R U N J E L H P R P B
```

USTUROI

BROCCOLI

ANGHINARE

MORCOV

CASTRAVETE

CEAPĂ

CIUPERCĂ

SALATĂ

VÂNĂTĂ

CARTOF

MAZĂRE

ROȘIE

PĂTRUNJEL

NAP

RIDICHE

ȘALOTĂ

ȚELINĂ

SPANAC

GHIMBIR

DOVLEAC

38 - Scuola #2

```
C A O Ţ P L E C T U R Ă E J
R Ă K H Â R T I E K Ţ R J O
E L R Q Ș D O O O W L X C C
I C U Ţ T I A F W A P Y A U
O M Z C I C C G E Ţ D U L R
N N P S I Ţ A R I S F I C I
E T D G N I D A U T O B U Z
Z D C Ţ Ţ O E M Q J A R L P
U M U B Ă N M A L V R G A A
L E R C M A I T S O F X T N
Ţ V N I Â R C I I C E D O T
D C P I Y Ţ U C D J C M R O
A W J C D Ţ I Ă O O E I K F
S Y M Q C A L E N D A R A I
```

ACADEMIC
AUTOBUZ
CALENDAR
HÂRTIE
CALCULATOR
DICŢIONAR
EDUCAŢIE
FOARFECE

JOCURI
GRAMATICĂ
PROFESOR
LECTURĂ
CĂRŢI
CREION
PANTOFI
ȘTIINŢĂ

39 - Gentilezza

```
A  B  P  D  J  I  U  B  I  T  O  R  Î  L
X  T  A  A  T  E  N  T  J  Z  M  E  N  F
F  U  C  A  F  E  C  T  U  O  S  S  Ț  Ț
E  S  I  N  C  E  R  D  A  G  C  P  E  O
R  U  E  Z  P  U  E  E  U  E  O  E  L  S
I  T  N  S  B  G  C  Î  T  N  M  C  E  P
C  I  T  W  B  A  E  N  E  E  P  T  G  I
I  L  O  Q  O  Ț  P  C  N  R  A  U  E  T
T  B  L  Â  N  D  T  R  T  O  S  O  R  A
T  Ț  E  F  O  E  I  E  I  S  I  S  E  L
D  Q  R  G  Y  D  V  D  C  O  U  W  O  I
M  Z  A  S  P  R  I  E  T  E  N  O  S  E
J  H  N  H  L  F  G  R  U  K  E  M  B  R
A  E  T  Q  I  W  Z  E  K  B  J  Ț  R  W
```

AFECTUOS
DE ÎNCREDERE
PRIETENOS
IUBITOR
ATENT
COMPASIUNE
ÎNȚELEGERE
BLÂND
FERICIT

GENEROS
AUTENTIC
SINCER
OSPITALIER
PACIENT
RECEPTIV
RESPECTUOS
TOLERANT
UTIL

40 - Barbecue

```
F  M  U  Z  I  C  Ă  X  A  I  U  R  N  I
J  I  C  H  K  J  T  Ţ  Q  N  G  I  B  K
T  U  E  G  A  D  Q  R  K  V  U  C  W  A
I  S  A  R  E  N  W  E  U  I  D  J  J  G
A  O  P  P  B  Z  M  G  V  T  Y  O  N  X
B  S  Ă  R  M  I  G  R  U  A  B  C  L  W
Y  Q  D  Â  F  F  N  Ă  P  Ţ  P  U  I  V
S  T  C  N  F  D  O  T  Ţ  I  I  R  C  A
O  A  H  Z  R  X  M  A  E  E  P  I  C  R
I  F  L  J  U  Ţ  L  R  M  P  E  K  U  Ă
R  V  V  A  C  I  N  A  V  E  R  V  Ţ  V
Z  F  T  L  T  N  U  F  A  M  I  L  I  E
R  O  S  I  I  E  A  L  I  M  E  N  T  E
I  D  A  Z  X  V  U  N  O  Ţ  E  L  E  C
```

FIERBINTE	GRĂTAR
CINA	SALATE
ALIMENTE	INVITAŢIE
CEAPĂ	MUZICĂ
CUŢITE	PIPER
VARĂ	PUI
FOAME	ROSII
FAMILIE	PRÂNZ
FRUCT	SARE
JOCURI	SOS

41 - Riempire

```
G O B U T O I C U T C B Y B
O Ă C O B N J P E K U D S R
R P L I C U T I E Z V H E V
P B E E F I K J E X F I R E
V A Z Ă A M Q W A E P Y T N
R Z C A B T Y B U Z U N A R
K I O H I E Ă L A D Ă Ţ R Z
G N Ş P E V Ţ Ţ B K Ţ Q F Z
D O S A R T C Y Y Q V G C M
Q R T A M I J V A L I Z Ă R
H X I S C A D Ă G H A T Z B
D R C T A V Ă U W G R U P C
V P L L T M O E F F O B T Q
Q G Ă I V L S T K R J I F A
```

BAZIN	PACHET
BUTOI	CUTIE
SAC	GĂLEATĂ
STICLĂ	BUZUNAR
PLIC	TUB
DOSAR	VALIZĂ
LADĂ	CADĂ
SERTAR	VAZĂ
COŞ	TAVĂ

42 - Insetti

```
L A R V Ă F Y J X T J V C G
E S P S Z X T F U R N I C Ă
Y L Z K F D C G R E I E R R
V I E R M E J Â A L E S U G
T L I Q O M A N T I S P E Ă
E I P Z L E F D L O P E S R
R B F A I C I A S C S A A I
M E Q L E D D C O Y Z T L Ț
I L P B U L Ă C U S T Ă C Ă
T U U I G T Ț Â N Ț A R Â R
Ă L R N Y C U O I E W J M I
Y Ă I Ă K J B R R T A M J N
I E C Y X T B R E F J L W V
K T I T X I V F L W B A I M
```

AFIDĂ	LIBELULĂ
ALBINĂ	SALCÂM
LĂCUSTĂ	MANTIS
GREIER	PURICI
GĂRGĂRIȚĂ	GÂNDAC
MOLIE	TERMITĂ
FLUTURE	VIERME
FURNICĂ	VIESPE
LARVĂ	ȚÂNȚAR

43 - Erboristeria

```
M O Y K F C D I I T I D B J
D U P S L A V A N D Ă I V M
P K Z O Q L M A G H I R A N
C B U S U I O C R O A F T X
Z I G N N T X V E R D E A U
N P M Ă R A R Z D E C N R S
G R Ă B H T D P I G R I H T
C R T T R E P R E A O C O U
U Ș Ă O R U M N N N Z U N R
L O K D L U E O T O M L Ț O
I F Z Q I K N F L O A R E I
N R J U T N T J N E R J W K
A A Ț Q Z X Ă H E Y I Z G Y
R N U A R O M A T L N C S C
```

USTUROI	LAVANDĂ
MĂRAR	MAGHIRAN
AROMAT	MENTĂ
BUSUIOC	OREGANO
CULINAR	PĂTRUNJEL
TARHON	CALITATE
FENICUL	ROZMARIN
FLOARE	CIMBRU
GRĂDINĂ	VERDE
INGREDIENT	ȘOFRAN

44 - Danza

```
Q X E A O A J Q G K C O R P
N A V T R A D I Ţ I O N A L
W R E P E T I Ţ I E R N V Y
M T S P B G E X P R E S I V
L Ă E Ţ A R I T M V G R Z P
C U L T U R Ă R T V R P U O
Ţ L O Ţ Z Y T Ţ O Q A D A S
A C A D E M I E S X F N L T
G M O S S P T F N O I N J U
R C U M I Ș C A R E E S X R
A G W Z I C U L T U R A L Ă
Ţ Ţ G E I N O B E M O Ţ I E
I C Z Z D C F E S C X A Ţ N
E S G H T O Ă T Z H X B M R
```

ACADEMIE
ARTĂ
CLASIC
PARTENER
COREGRAFIE
CORP
CULTURĂ
CULTURAL
EMOȚIE
EXPRESIV

VESEL
GRAŢIE
MIȘCARE
MUZICĂ
POSTURĂ
REPETIŢIE
RITM
TRADIŢIONAL
VIZUAL

45 - Commedia

```
P Y I M P R O V I Z A Ţ I E
K A A P L A U Z E F M T U M
B I R G U Ţ M Ţ S Z U E G S
G N Â O L R O Z T D Z A C H
E T S S D U R P H I A T U I
A E H F E I M Y R S N R O T
C L O V N I E E F T T U P R
T I P L P N E X P R E S I V
R G V U A C T O R A W N W F
I E I I B G L E D C D V W Ţ
Ţ N S V O L T P N Ţ U Q M C
Ă T S K B B I M W I X D H Ţ
H K J O F P H C G E N E S Z
T E L E V I Z I U N E R E O
```

APLAUZE
ACTOR
ACTRIŢĂ
CLOVNI
AMUZANT
DISTRACŢIE
EXPRESIV
GEN
IMPROVIZAŢIE

INTELIGENT
PARODIE
PUBLIC
RÂS
GLUME
TEATRU
TELEVIZIUNE
UMOR

46 - Scuola #1

```
N  P  R  I  E  T  E  N  I  C  L  A  S  Ă
O  U  U  N  K  N  E  W  V  R  B  L  W  X
I  P  M  Y  V  E  X  O  N  E  I  F  S  A
D  V  Ţ  E  W  R  A  D  B  I  R  A  F  F
W  I  L  M  R  N  M  P  B  O  O  B  R  N
D  O  S  A  R  E  E  Y  R  N  U  E  Ă  S
M  S  K  T  P  Y  N  H  B  Â  Y  T  S  T
A  C  M  E  R  N  E  M  D  M  N  K  P  I
R  A  Ţ  M  O  A  I  H  R  F  A  Z  U  L
K  U  U  A  F  V  C  Ă  R  Ţ  I  F  N  O
E  N  K  T  E  S  T  Ţ  U  M  V  Q  S  U
R  F  E  I  S  L  A  J  I  B  T  H  U  R
I  D  K  C  O  G  R  K  D  E  P  F  R  I
Q  U  X  Ă  R  H  Â  R  T  I  E  S  I  L
```

ALFABET
PRIETENI
CLASĂ
HÂRTIE
DOSARE
DISTRACŢIE
EXAMENE
PROFESOR
CĂRŢI
MARKERI

MATEMATICĂ
CREION
NUMERE
STILOURI
PRÂNZ
TEST
RĂSPUNSURI
BIROU
SCAUN

47 - Fiori

```
M  B  B  G  I  V  G  C  R  I  N  R  T  D
A  M  U  U  W  B  K  X  S  G  V  E  B  X
R  A  T  C  O  R  H  I  D  E  E  M  A  C
G  G  R  T  H  P  U  L  A  V  A  N  D  Ă
A  N  A  R  P  E  L  P  I  V  T  V  G  R
R  O  N  I  Ă  T  T  U  I  L  A  L  E  A
E  L  D  F  P  A  Ţ  E  M  W  I  G  C  X
T  I  A  O  Ă  L  J  P  Z  E  I  A  V  B
Ă  E  F  I  D  Ă  X  J  X  P  R  X  C  U
X  H  I  B  I  S  C  U  S  J  R  I  E  J
G  A  R  D  E  N  I  E  B  Ţ  F  F  A  O
K  D  E  M  D  P  N  A  R  C  I  S  Ă  R
I  A  S  O  M  I  E  Q  Y  W  P  M  M  U
L  O  I  M  E  L  A  C  K  M  F  W  U  G
```

PĂPĂDIE

GARDENIE

IASOMIE

CRIN

HIBISCUS

LAVANDĂ

LILIAC

MAGNOLIE

MARGARETĂ

BUCHET

NARCISĂ

ORHIDEE

MAC

BUJOR

PETALĂ

PLUMERIA

TRANDAFIR

TRIFOI

LALEA

48 - Ecologia

```
V O L U N T A R I Ț M C S O
F E B E K X O A Z W L O U X
L A S R J V K N L M A M P O
S T D F A U N Ă E S Ș U R N
P E G I F C L I M A T N A A
E G C R E S U R S E I I V T
C L Q E E X P K U F N T I U
I O Z S T K H U X U Ă Ă E R
E B Q C J Ă M A R I N Ț Ț Ă
P A F L O R Ă U B Z S I U T
C L V E G E T A Ț I E H I G
D U R A B I L Ă H P T C R M
V A R I E T A T E G T A E T
V W R U K C J E P L A N T E
```

CLIMAT
COMUNITĂȚI
FAUNĂ
FLORĂ
GLOBAL
HABITAT
MARIN
NATURĂ
FIRESC
MLAȘTINĂ

PLANTE
RESURSE
SECETĂ
SUPRAVIEȚUIRE
DURABILĂ
SPECIE
VARIETATE
VEGETAȚIE
VOLUNTARI

49 - Discipline Scientifiche

```
I  M  U  N  O  L  O  G  I  E  U  B  B  M
M  E  C  O  L  O  G  I  E  C  A  O  I  E
J  J  M  B  N  N  C  Q  K  Y  S  T  O  T
S  O  C  I  O  L  O  G  I  E  T  A  C  E
A  N  F  O  A  Z  P  H  J  H  R  N  H  O
R  E  I  L  N  O  S  S  D  L  O  I  I  R
H  U  Z  O  A  O  I  I  E  R  N  C  M  O
E  R  I  G  T  L  H  I  C  P  O  Ă  I  L
O  O  O  I  O  O  O  E  P  H  M  V  E  O
L  L  L  E  M  G  L  M  F  T  I  B  Z  G
O  O  O  R  I  I  O  I  W  V  E  M  Z  I
G  G  G  G  E  E  G  E  O  L  O  G  I  E
I  I  I  R  U  Z  I  Q  K  G  U  B  V  E
E  E  E  L  N  M  E  C  A  N  I  C  A  Q
```

ANATOMIE	GEOLOGIE
ARHEOLOGIE	IMUNOLOGIE
ASTRONOMIE	MECANICA
BIOCHIMIE	METEOROLOGIE
BIOLOGIE	NEUROLOGIE
BOTANICĂ	PSIHOLOGIE
CHIMIE	SOCIOLOGIE
ECOLOGIE	ZOOLOGIE
FIZIOLOGIE	

50 - Scienza

```
J  L  N  S  F  A  P  T  Ţ  I  S  L  F  L
S  M  A  Y  W  O  R  G  A  N  I  S  M  G
Ţ  E  T  B  O  B  S  E  R  V  A  R  E  R
G  T  U  L  O  C  H  I  M  I  C  N  F  A
I  O  R  F  C  R  D  F  L  C  J  V  Q  V
P  D  Ă  V  S  G  A  T  O  M  D  X  P  I
O  Ă  Z  M  O  K  T  T  C  L  I  M  A  T
T  S  A  O  I  T  E  Q  O  R  E  J  R  A
E  U  Z  L  F  N  Ţ  G  C  R  S  J  T  Ţ
Z  M  Ţ  E  S  N  E  I  H  N  O  X  I  I
Ă  R  J  C  F  L  V  R  I  K  K  K  C  E
Q  S  Ţ  U  P  F  K  S  A  I  B  W  U  G
E  V  O  L  U  Ţ  I  E  B  L  H  K  L  F
W  T  O  E  F  I  Z  I  C  Ă  E  P  E  U
```

ATOM	IPOTEZĂ
CHIMIC	LABORATOR
CLIMAT	METODĂ
DATE	MINERALE
EVOLUŢIE	MOLECULE
FAPT	NATURĂ
FIZICĂ	ORGANISM
FOSIL	OBSERVARE
GRAVITAŢIE	PARTICULE

51 - Acqua

```
M  U  K  Z  C  W  Y  G  H  E  A  Ț  Ă  D
U  M  E  D  E  A  L  G  E  J  O  E  P  I
S  I  U  U  C  A  N  G  H  E  I  Z  E  R
O  D  R  Ș  Z  X  Z  A  D  S  V  X  A  I
N  I  A  J  Z  H  B  Z  L  A  B  U  R  G
D  T  G  E  G  Ă  C  U  R  E  N  T  N  A
Y  A  A  P  V  W  P  V  W  L  A  C  X  R
F  T  N  L  W  E  V  A  P  O  R  A  R  E
P  E  L  Q  O  Ț  O  L  D  O  Â  B  R  H
Î  N  G  H  E  Ț  T  U  O  Ă  U  A  Y  Ț
V  X  K  V  E  E  Z  R  I  C  I  Y  M  Z
Q  I  C  P  L  O  A  I  E  C  E  Q  T  T
I  N  U  N  D  A  Ț  I  I  D  M  A  O  H
U  F  E  C  T  T  U  P  P  W  R  W  N  E
```

INUNDAȚII   LAC
CANAL   MUSON
DUȘ   ZĂPADĂ
EVAPORARE   OCEAN
RÂU   VALURI
CURENT   PLOAIE
ÎNGHEȚ   UMIDITATE
GHEIZER   UMEDE
GHEAȚĂ   URAGAN
IRIGARE   ABUR

52 - Gatti

```
O  J  B  N  L  C  D  Ţ  L  U  C  M  I  C
P  U  A  Q  R  O  M  G  N  E  B  U  N  L
L  C  M  W  F  A  C  U  R  I  O  S  D  Q
L  Ă  U  T  C  D  P  H  L  B  T  W  E  S
T  U  Z  M  I  Ă  I  I  N  L  Z  F  P  Ă
G  Ş  A  H  W  M  L  Ţ  D  A  I  E  E  L
H  X  N  B  E  I  I  A  U  N  A  C  N  B
E  Q  T  S  O  M  N  D  B  Ă  V  V  D  A
A  Ș  O  A  R  E  C  E  L  A  X  Â  E  T
R  A  F  E  C  T  U  O  S  C  Q  N  N  I
Ă  P  X  G  S  V  Q  I  Q  J  N  Ă  T  C
P  E  R  S  O  N  A  L  I  T  A  T  E  J
F  I  R  E  E  X  N  F  R  D  Q  O  R  E
U  Ţ  N  D  H  E  C  X  B  Q  R  R  G  E
```

AFECTUOS
GHEARĂ
VÂNĂTOR
COADĂ
CURIOS
AMUZANT
SOMN
FIRE
JUCĂUŞ
INDEPENDENT

NEBUN
BLANĂ
PERSONALITATE
MIC
SĂLBATIC
TIMID
ȘOARECE
RAPID
LABA

53 - Surf

```
L V O D Z I Z G E X D K I T
H V Î Y D C C A M P I O N W
W A N T Ă R I E S S S T I L
K L C F S S P R A Y T M S W
O G E X T R E M S M R U T X
O Ţ P L A J Ă Z P U A L O Z
C Y Ă A H N J J O A C Ţ M L
E L T R L D B T P T Ţ I A R
A R O B E E J L U L I M C O
N N R V A C T A L E E I N O
F S C R S I I Ă A T X E I D
V I T E Z Ă K F R E F G W A
I J U M S P U M Ă R K C M O
I L Q E Y Ţ F U Ţ F I I I N
```

ATLET	POPULAR
CAMPION	ÎNCEPĂTOR
DISTRACŢIE	SPUMĂ
EXTREM	RECIF
MULŢIMI	PLAJĂ
TĂRIE	SPRAY
VREME	STIL
OCEAN	STOMAC
VAL	VITEZĂ
PALETĂ	

54 - Imbarcazioni

```
M V C D B G U M Z R P E J G
E O A K L A T A Q R P C F E
Z E T L A C T R G Â L H B A
M A F O U F O E A U C I A M
S Y W E R R Z E P M N P C A
X K L M T Â I T K N X A A N
C A I A C N A U T I C J N D
O A V R T G H C D P K P O U
C N T E I H T F N L G X E R
E C M A R I T I M U D E B Ă
A O B Ţ R E F N X T Z E F Ţ
N R X Y B G S H T Ă I A D N
D Ă Y L J J V M F P Ţ R S H
M A R I N A R T I M X R X I
```

CATARG	MAREE
ANCORĂ	MARINAR
GEAMANDURĂ	MARITIM
CANOE	MOTOR
FRÂNGHIE	NAUTIC
ECHIPAJ	OCEAN
RÂU	VALURI
CAIAC	BAC
LAC	IAHT
MARE	PLUTĂ

55 - Api

```
R  D  I  V  E  R  S  I  T  A  T  E  R  E
O  O  F  S  R  A  I  P  F  R  U  C  T  C
U  H  I  T  L  N  M  Z  Y  L  S  I  K  O
N  I  H  U  X  H  B  H  G  G  O  B  Y  S
K  Z  H  P  Q  Ţ  S  Z  R  Z  A  R  X  I
G  R  Ă  D  I  N  Ă  C  E  A  R  Ă  I  S
F  U  M  Z  Q  R  L  Z  G  Q  E  N  X  T
B  E  N  E  F  I  C  S  I  X  L  O  H  E
C  P  Y  C  M  R  N  X  N  P  H  G  A  M
A  L  I  M  E  N  T  E  Ă  R  O  P  R  F
R  A  A  I  I  N  S  E  C  T  Ă  L  F  U
I  N  X  E  A  T  G  E  G  X  V  C  E  Y
P  T  G  R  A  Y  O  A  P  T  F  Q  Ţ  N
I  E  B  E  T  R  H  A  B  I  T  A  T  W
```

ARIPI	GRĂDINĂ
STUP	HABITAT
BENEFIC	INSECTĂ
CEARĂ	MIERE
ALIMENTE	PLANTE
DIVERSITATE	POLEN
ECOSISTEM	REGINĂ
FLORI	ROI
FRUCT	SOARE
FUM	

56 - Conservazione

```
C K G R F Q T Q Q Ţ F A Y L
B H A B I T A T N J S A H A
V Q P C R U P V Q P H M B J
E V O V E R Ă A H X Y R Q C
R D L X S Ă N Ă T A T E R L
D U U P C I C L U Ţ I V E I
E R A C P E S T I C I D C M
F A R F A Q Z P I T X O I A
S B E H Y Ţ M E D I U R C T
A I E C O S I S T E M G L D
E L D B N Z N E G J Y A A U
O Ă R E D U C E Y O F N R I
C C X V O L U N T A R I E C
M O D I F I C Ă R I Q C P S
```

APĂ
MEDIU
MODIFICĂRI
CICLU
CLIMAT
ECOSISTEM
EDUCAŢIE
HABITAT
POLUARE

FIRESC
ORGANIC
PESTICID
RECICLARE
REDUCE
SĂNĂTATE
DURABILĂ
VERDE
VOLUNTAR

57 - Strumenti Musicali

```
L R S D T P T L E Y M T Ț I
O C B Z X S R C X H A R P Ă
O L C U U A O M Ț M N O M T
B A N J O X M B A K D M A T
F R G N X O P X O U O B R O
L I H U J F E U V I L O I B
A N F A G O T I Ț V I N M Ă
U E Ț P O N Ă I Z P N X B H
T T O P N F N X U D Ă M A V
G J P G G M U Z I C U Ț Ă I
T A M B U R I N Ă P T G M O
P E R C U Ț I E Ț T I I Z A
V I O L O N C E L X E A V R
G Ț B F C H I T A R Ă Ț N Ă
```

MUZICUȚĂ	OBOI
HARPĂ	PERCUȚIE
BANJO	PIAN
CHITARĂ	SAXOFON
CLARINET	TAMBURINĂ
FAGOT	TOBĂ
FLAUT	TROMPETĂ
GONG	TROMBON
MANDOLINĂ	VIOARĂ
MARIMBA	VIOLONCEL

58 - Professioni #2

```
P  R  O  F  E  S  O  R  C  O  A  B  Z  I
G  R  Ă  D  I  N  A  R  H  U  R  I  O  N
U  C  X  L  I  N  G  V  I  S  T  O  O  V
M  E  D  I  C  Y  E  G  R  H  Z  L  L  E
D  R  P  I  L  O  T  Ţ  U  T  B  O  O  S
E  C  L  U  A  E  W  O  R  U  C  G  G  T
N  E  H  J  H  S  I  N  G  I  N  E  R  I
T  T  M  W  F  O  T  O  G  R  A  F  D  G
I  Ă  N  G  Q  L  T  R  M  K  U  F  H  A
S  T  P  I  C  T  O  R  O  N  W  T  Y  T
T  O  F  I  L  O  Z  O  F  N  S  T  Z  O
T  R  S  O  I  L  U  S  T  R  A  T  O  R
B  I  B  L  I  O  T  E  C  A  R  U  O  T
A  Y  C  W  J  U  R  N  A  L  I  S  T  Q
```

ASTRONAUT	INGINER
BIBLIOTECAR	PROFESOR
BIOLOG	INVESTIGATOR
CHIRURG	LINGVIST
DENTIST	MEDIC
FILOZOF	PILOT
FOTOGRAF	PICTOR
GRĂDINAR	CERCETĂTOR
JURNALIST	ZOOLOG
ILUSTRATOR	

59 - Letteratura

```
S Y V T A T E A G M D C A I
F T E B N R X N L E G O N D
L E I O E A V A A T N N A D
Ț M C L C G C L B A Q C L I
Q Ă R U D E O O Q F B L I A
R I T M O D M G O O I U Z L
D C A I T I P I E R O Z Ă O
P O E M Ă E A E H Ă G I C G
P Z P R O S R S R S R E D G
O O X I S L A J O Z A D T N
E I A Y N Q Ț O M K F H B P
T K F L E I I J A J I H N X
I A U T O R E M N A E B S G
C D E S C R I E R E R I M Ă
```

ANALIZĂ
ANALOGIE
ANECDOTĂ
AUTOR
BIOGRAFIE
CONCLUZIE
COMPARAȚIE
DESCRIERE
DIALOG
GEN

METAFORĂ
OPINIE
POEM
POETIC
RIMĂ
RITM
ROMAN
STIL
TEMĂ
TRAGEDIE

60 - Cibo #2

```
S T R U G U R I B P E Ş T E
M C I R E A Ș Ă V R F B T X
E Ă R O V N J I Â K Â A S M
P V R Ș C B T U N V M N A K
L E J I I I P Z Ă L M A Z C
L B M E O M U F T Y L N K Ă
B Ţ Z K C R I P Ă K Y Ă O Z
R J V M O K V Â E Ș U N C Ă
O K U D L I U I H R Z O U J
C T K M A W S N H K C M K S
C B M J T I Ţ E L I N Ă U O
O X E Z Ă M Ţ I T O R E Z C
L I A U R T S W J G C V E E
I Y D W P G R Â U J W B M I
```

BANANĂ   PÂINE
BROCCOLI   PEŞTE
CIREAȘĂ   PUI
CIOCOLATĂ   ROȘIE
BRÂNZĂ   ȘUNCĂ
CIUPERCĂ   OREZ
GRÂU   ŢELINĂ
KIWI   OU
MĂR   STRUGURI
VÂNĂTĂ   IAURT

61 - Nutrizione

```
T  Z  C  O  N  D  I  M  E  N  T  E  X  S
V  A  D  P  O  D  E  S  O  S  L  R  Y  N
P  R  O  T  E  I  N  E  Ă  S  L  E  E  L
D  I  G  E  S  T  I  E  V  N  X  Ţ  N  K
C  O  M  E  S  T  I  B  I  L  Ă  M  R  X
C  A  L  I  T  A  T  E  A  P  E  T  I  T
F  E  R  M  E  N  T  A  Ţ  I  E  Y  O  Y
G  C  K  S  L  U  O  S  L  A  M  A  R  S
L  A  Ţ  T  Y  T  X  L  I  C  H  I  D  E
U  L  F  D  D  R  I  N  W  Z  M  N  A  V
C  O  J  D  I  I  N  Ţ  K  K  V  N  D  G
I  R  Ţ  D  L  E  Ă  K  B  F  D  Z  J  F
D  I  W  K  M  N  T  D  U  H  S  Z  P  V
E  I  C  B  W  T  S  Ă  N  Ă  T  A  T  E
```

AMAR	NUTRIENT
APETIT	PROTEINE
CALORII	CALITATE
GLUCIDE	SOS
COMESTIBIL	SĂNĂTATE
DIETĂ	SĂNĂTOS
DIGESTIE	CONDIMENTE
FERMENTAŢIE	TOXINĂ
LICHIDE	

62 - Matematica

```
P  N  O  F  S  U  N  G  H  I  U  R  I  J
Ă  F  P  O  L  I  G  O  N  S  H  U  I  A
T  C  I  R  C  U  M  F  E  R  I  N  Ţ  Ă
R  D  P  A  C  Z  A  E  R  P  C  O  T  G
A  R  E  Z  E  E  R  F  T  A  Z  X  R  E
T  E  R  Ă  C  C  I  R  B  R  B  O  I  O
V  P  I  N  U  I  T  A  E  A  I  Z  U  M
O  T  M  D  A  M  M  C  X  L  Z  E  N  E
L  U  E  F  Ţ  A  E  Ţ  P  E  O  U  G  T
U  N  T  Q  I  L  T  I  O  L  Q  W  H  R
M  G  R  S  E  Z  I  U  N  O  I  X  I  I
D  H  U  F  K  Z  C  N  E  B  P  Y  F  E
W  I  Q  S  U  M  Ă  E  N  V  Y  N  U  I
D  I  A  M  E  T  R  U  T  N  P  N  Q  U
```

UNGHIURI   PERIMETRU
ARITMETICĂ   POLIGON
CIRCUMFERINŢĂ   PĂTRAT
ZECIMAL   RAZĂ
DIAMETRU   DREPTUNGHI
ECUAŢIE   SIMETRIE
EXPONENT   SUMĂ
FRACŢIUNE   TRIUNGHI
GEOMETRIE   VOLUM
PARALEL

63 - Meditazione

```
R E S P I R A Ţ I E N V C A
I N Ţ L M I Ş C A R E A O M
N Z O B S E R V A R E X M Y
P A C E K A K U H L J M P P
E A C C E P T A R E M S A O
R E C U N O Ş T I N Ţ Ă S S
S B C L A R I T A T E E I T
P G U K A T Ă C E R E M U U
E Â M N A T U R Ă Q C O N R
C N U N Ă M E N T A L Ţ E Ă
T D Z S Ţ T V N Q G L I Ţ J
I U I L Z G A E Ţ D Z I C F
V R C R X S S T M I N T E L
Ă I Ă I U T X F E N E K S Y
```

ACCEPTARE	MIŞCARE
ATENŢIE	MUZICĂ
CALM	NATURĂ
CLARITATE	OBSERVARE
COMPASIUNE	PACE
EMOŢII	GÂNDURI
BUNĂTATE	POSTURĂ
RECUNOŞTINŢĂ	PERSPECTIVĂ
MENTAL	RESPIRAŢIE
MINTE	TĂCERE

64 - Estate

```
P P M U Z I C Ă L G K K R A
L R T I M P L I B E R A E L
A C I C I P V M B G M K L I
J S A E R O A C A S Ă H A M
Ă A A M T G R Ă D I N Ă X E
C M E N P E J O C U R I A N
Ă I X L D I N K F B V Q R T
L N F O M A N I A M A R E E
Ă T J R Ţ K L G M Q C H H N
T I D Q C R O E I A A F W O
O R M V P D V A L G N V O Z
R I Y B U C U R I E Ţ G W U
I E N H S Z U P E C Ă R Ţ I
E P Ţ J Q S T E L E U D J R
```

PRIETENI   MUZICĂ
CAMPING   AMINTIRI
ACASĂ   RELAXARE
ALIMENTE   SANDALE
FAMILIE   PLAJĂ
GRĂDINĂ   STELE
JOCURI   TIMP LIBER
BUCURIE   VACANŢĂ
CĂRŢI   CĂLĂTORIE
MARE

65 - Escursionismo

```
O T P T K X N K H S R G O H
G R X G H I D U R I C R B A
Z P I Q P E R I C O L E O R
Z P O E B Ţ P N Z N L U S T
S A N D N S D S O A R E I Ă
U R E S M T N W U T P Ţ T C
M C Ţ H S Â A E H U I Ă G A
M U U R T N N R X R E F X M
I R N F K C I N E Ă T U Ţ P
T I O T T Ă M T F X R J D I
O P Y Z E P A M C R E G V N
Ţ D U J S Ă L B A T I C H G
C I Z M E N E C L I M A T U
P R E G Ă T I R E A K E Q Q
```

APĂ
ANIMALE
CAMPING
CLIMAT
GHIDURI
HARTĂ
MUNTE
NATURĂ
ORIENTARE
PARCURI

PERICOLE
GREU
PIETRE
PREGĂTIREA
STÂNCĂ
SĂLBATIC
SOARE
OBOSIT
CIZME
SUMMIT

66 - Professioni #1

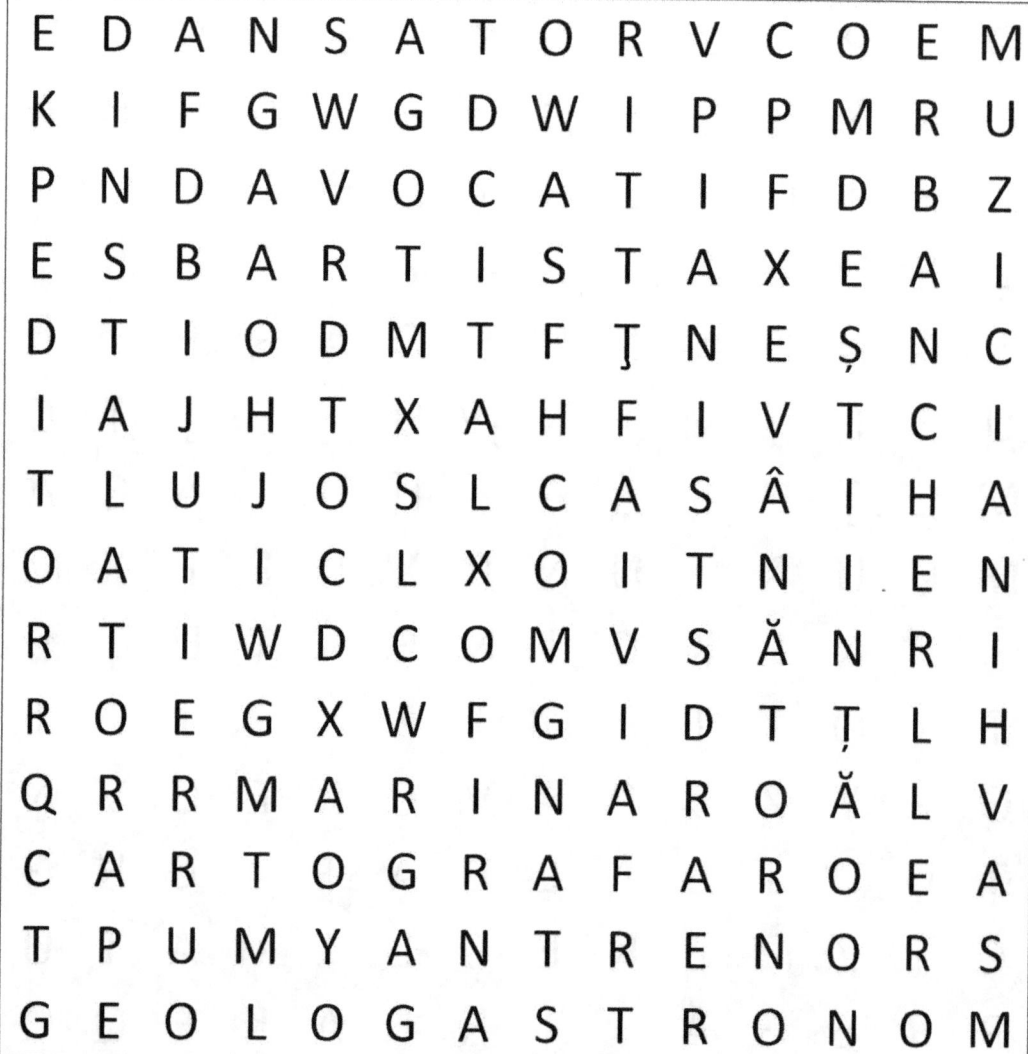

```
E D A N S A T O R V C O E M
K I F G W G D W I P P M R U
P N D A V O C A T I F D B Z
E S B A R T I S T A X E A I
D T I O D M T F Ţ N E Ş N C
I A J H T X A H F I V T C I
T L U J O S L C A S Â I H A
O A T I C L X O I T N I E N
R T I W D C O M V S Ă N R I
R O E G X W F G I D T Ţ L H
Q R R M A R I N A R O Ă L V
C A R T O G R A F A R O E A
T P U M Y A N T R E N O R S
G E O L O G A S T R O N O M
```

ANTRENOR
ARTIST
ASTRONOM
AVOCAT
DANSATOR
BANCHER
VÂNĂTOR
CARTOGRAF
EDITOR

FARMACIST
GEOLOG
BIJUTIER
INSTALATOR
MARINAR
MUZICIAN
PIANIST
PSIHOLOG
OM DE ȘTIINȚĂ

67 - Antartide

```
T  B  A  L  E  N  E  E  H  N  E  P  P  G
C  E  R  C  E  T  Ă  T  O  R  Z  M  E  E
A  G  M  T  G  D  A  K  J  J  J  R  N  O
Z  P  X  P  H  X  Z  K  W  K  C  N  I  G
E  C  Ă  F  E  W  F  Z  B  C  O  J  N  R
Ţ  O  V  S  A  R  I  N  S  U  L  E  S  A
E  N  X  C  Ţ  W  A  I  E  U  N  D  U  F
L  T  N  A  Ă  O  I  T  Y  B  T  N  L  I
M  I  G  R  A  Ţ  I  E  U  J  M  O  Ă  E
Ţ  N  O  M  K  T  C  P  F  R  R  R  H  Q
N  E  L  S  T  Â  N  C  O  S  A  I  W  F
R  N  F  K  J  W  Z  Z  H  M  E  D  I  U
X  T  E  X  P  E  D  I  Ţ  I  E  S  Z  Y
O  G  G  H  E  Ţ  A  R  I  W  T  O  H  R
```

APĂ   INSULE
MEDIU   MIGRAŢIE
GOLF   NORI
BALENE   PENINSULĂ
CONTINENT   CERCETĂTOR
GEOGRAFIE   STÂNCOS
GHEŢARI   EXPEDIŢIE
GHEAŢĂ   TEMPERATURA

68 - Libri

```
F J J C C L A Q M N C Q M X
C M A W I O O V Ţ E V J D Z
T N I A N T N A R A T O R L
C R S V J R I T P O E Z I E
L I T E R A R T E P I C D E
Q P O N E G S B O X K I U G
A A R T L I U C B R T B A C
U G I U E C X A R F Q B L O
T I C R V J J D E I U N I L
O N H Ă A F W A V C S R T E
R Ă Y I N V E N T I V O A C
J F L L T M B R A Y U M Ţ Ţ
P O V E S T E G K B I A E I
S M D S E R I E I Y J N T E
```

AUTOR
AVENTURĂ
COLECŢIE
CONTEXT
DUALITATE
EPIC
INVENTIV
LITERAR
CITITOR
NARATOR

PAGINĂ
POEZIE
RELEVANT
ROMAN
SCRIS
SERIE
POVESTE
ISTORIC
TRAGIC

69 - Geografia

```
I  W  D  B  E  M  V  Ț  I  P  V  A  V  N
I  N  N  Q  R  Z  N  D  C  M  B  P  P  B
B  W  S  T  E  R  I  T  O  R  I  U  H  L
U  Ț  G  U  V  F  U  M  S  N  J  Z  D  L
K  V  P  T  L  U  M  E  U  E  S  E  V  A
A  F  E  D  X  Ă  A  R  D  Z  V  E  S  T
O  Z  Y  R  K  L  R  I  Â  J  Ț  M  G  I
H  M  U  N  T  E  E  D  B  U  Z  I  I  T
A  L  T  I  T  U  D  I  N  E  Y  S  V  U
R  E  G  I  U  N  E  A  U  K  L  F  Ț  D
T  N  O  R  D  W  Ț  N  O  K  O  E  W  I
Ă  J  T  H  U  D  A  T  L  A  S  R  W  N
L  O  N  G  I  T  U  D  I  N  E  Ă  A  E
Ț  A  R  Ă  C  O  N  T  I  N  E  N  T  Ș
```

ALTITUDINE	MARE
ATLAS	MERIDIAN
ORAȘ	LUME
CONTINENT	MUNTE
EMISFERĂ	NORD
RÂU	VEST
INSULĂ	ȚARĂ
LATITUDINE	REGIUNE
LONGITUDINE	SUD
HARTĂ	TERITORIU

70 - Cibo #1

```
G R C A R N E Z A H Ă R Ţ Q
T N O Ă G A I R S C Z U Z D
P A I E P P X S A R E L F P
Ţ M F L H Ş M U L H X A S K
R G Y O N U U C A A N P P S
L Ă M Â I E S N T O N T A Ă
F E V V H C T I Ă R C E R S
M Y J O R E U G P Z D V Ă P
V O N P C X R L L T O R T A
S G R C Ţ Ţ O W L T Ţ M A N
T F T C Ţ J I B V W E K S A
V A O T O V M B U S U I O C
F C D Q O V M E N T Ă O F U
S C O R Ţ I Ş O A R Ă W P E
```

USTUROI
BUSUIOC
SCORŢIŞOARĂ
CARNE
MORCOV
CEAPĂ
CĂPŞUNĂ
SALATĂ
LAPTE
LĂMÂIE

MENTĂ
ORZ
PARĂ
NAP
SARE
SPANAC
SUC
TON
TORT
ZAHĂR

71 - Aeroplani

```
A  T  E  R  I  Z  A  R  E  V  F  F  E  I
A  T  M  O  S  F  E  R  Ă  M  E  W  C  S
C  R  L  E  K  P  I  L  O  T  E  K  H  T
C  O  N  S  T  R  U  C  Ț  I  E  H  I  O
O  D  M  U  Z  N  A  V  I  G  A  I  P  R
B  I  O  B  V  J  L  C  E  R  A  D  A  I
O  R  T  Î  U  X  T  S  K  D  J  R  J  E
R  E  O  N  R  S  I  Q  X  I  Y  O  X  P
Â  C  R  Ă  H  Y  T  P  A  S  A  G  E  R
R  Ț  E  L  K  Z  U  I  B  D  E  E  Ţ  J
E  I  C  Ţ  Y  Q  D  Y  B  A  R  N  P  K
U  E  H  I  R  G  I  J  V  I  L  Q  P  E
D  L  I  M  L  P  N  X  S  T  L  O  I  B
N  U  C  E  A  V  E  N  T  U  R  Ă  N  W
```

ÎNĂLȚIME	COBORÂRE
ALTITUDINE	ECHIPAJ
AER	HIDROGEN
ATMOSFERĂ	MOTOR
ATERIZARE	NAVIGA
AVENTURĂ	BALON
COMBUSTIBIL	PASAGER
CER	PILOT
CONSTRUCȚIE	ISTORIE
DIRECȚIE	

72 - Pirati

```
L H V E C H I P A J M Z R C
N E U K R I N S U L Ă N F M
V B G T Z T C P R M X I V Ţ
A W U E K H T A N C O R Ă Z
X G B S N S O P T S A B I E
H D Z D O D J A M R R Ă U B
R O M L S L Ă G C V I Q A R
D R A P E L Ă A Ă X Z C V Ţ
P E Ș T E R Ă L P Ţ B I E C
P E R I C O L D I X V K N I
P L A J Ă M Y O T H A R T Ă
W M O N E D E L A B O X U Y
T U F G M J A T N J F Z R C
L V T M Ţ T C O M O A R Ă E
```

ANCORĂ	LEGENDĂ
AVENTURĂ	HARTĂ
DRAPEL	MONEDE
BUSOLĂ	AUR
CĂPITAN	PAPAGAL
RĂU	PERICOL
CICATRICE	ROM
ECHIPAJ	SABIE
PEȘTERĂ	PLAJĂ
INSULĂ	COMOARĂ

73 - Colori

```
V T V Y C Q L H W Ț C I E A
B E J S L T Y I S T X A S L
R E R O Ș U G N V E Q W Ț B
D J S D C Q E D Z M P Z G A
G A L B E N S I D Y A I S S
Ț U A Z V S J G U F Z R A T
F U C S I E M O P L U V O R
P O R T O C A L I U R O Z U
A N I T K Y G R I H B T Q X
N D M R W A E E W H K X N B
Q J S B Q N N N E G R U V B
W D O U U X T V I O L E T M
Ț K N K K L A H J Y A L B G
K X J W B Z W J X J Q W Q M
```

PORTOCALIU
AZUR
BEJ
ALB
ALBASTRU
CYAN
CRIMSON
FUCSIE
GALBEN
GRI

INDIGO
MAGENTA
MARO
NEGRU
ROZ
ROȘU
SEPIA
VERDE
VIOLET

74 - Avventura

```
E  H  O  D  N  E  O  B  I  Ș  N  U  I  T
D  N  I  F  I  A  M  H  E  K  O  I  O  Q
X  K  T  R  P  F  T  A  T  R  U  D  P  M
P  I  C  U  U  I  I  U  I  H  Y  E  O  N
R  T  U  M  Z  M  L  C  R  D  G  S  R  A
E  I  R  U  M  I  G  R  U  Ă  A  T  T  V
G  N  A  S  K  Z  A  Z  Z  L  D  I  U  I
Ă  E  J  E  T  R  O  S  N  V  T  N  N  G
T  R  Y  Ț  J  E  D  Z  M  A  A  A  I  A
I  A  P  E  R  I  C  U  L  O  S  Ț  T  R
R  R  S  I  G  U  R  A  N  Ț  Ă  I  A  E
E  X  C  U  R  S  I  E  C  I  C  E  T  G
A  P  R  O  V  O  C  Ă  R  I  J  W  E  Ț
M  W  G  Ț  B  U  C  U  R  I  E  F  K  J
```

FRUMUSEȚE
CURAJ
DESTINAȚIE
DIFICULTATE
ENTUZIASM
EXCURSIE
BUCURIE
NEOBIȘNUIT
ITINERAR

NATURĂ
NAVIGARE
NOU
OPORTUNITATE
PERICULOS
PREGĂTIREA
PROVOCĂRI
SIGURANȚĂ

75 - Forme

```
A  K  U  H  B  G  J  D  Ţ  Q  P  T  D  C
W  L  U  T  I  B  S  E  N  I  O  R  R  U
U  W  E  D  W  P  F  Z  A  Z  L  I  E  R
O  H  L  Q  C  C  E  R  C  A  I  U  P  B
U  C  O  L  Ţ  R  R  R  O  Y  G  N  T  Ă
G  N  V  M  B  E  Ă  Y  B  I  O  G  U  E
P  R  A  R  C  U  J  T  C  O  N  H  N  L
H  I  L  I  N  I  A  L  S  E  L  I  G  I
T  B  R  C  I  L  I  N  D  R  U  Ă  H  P
B  W  M  A  R  G  I  N  I  P  G  C  I  S
P  R  I  S  M  Ă  C  V  R  A  K  X  U  Ă
X  Y  Q  Ţ  Q  I  E  A  J  R  H  Ţ  W  B
P  Ă  T  R  A  T  D  Ţ  H  T  X  R  N  O
P  S  B  H  V  I  X  Ă  W  E  G  X  R  E
```

COLŢ	PARTE
ARC	LINIA
MARGINI	OVAL
CERC	PIRAMIDĂ
CILINDRU	POLIGON
CON	PRISMĂ
CUB	PĂTRAT
CURBĂ	DREPTUNGHI
ELIPSĂ	SFERĂ
HIPERBOLĂ	TRIUNGHI

76 - Oceano

```
M E D U Z E V W Z Q F J B L
M S T R I D I E H T U C A P
C A R A C A T I Ţ Ă R O L C
E R N W P E Ş T E A T R E R
M E Q G R E C I F V U A N A
Y A J O H A J F B T N L Ă B
C F R L Z I O Y U D Ă S R U
U L U E Ţ Z L C R E V E T Ă
P R B Q E B O Ă E L A E O V
D L A G I V T O T F L Ţ N I
J D R L W C Q C E I U N H C
R N C F G Y X R L N R T U O
V L Ă R W E R E C H I N D Q
O T P L R X K J N Ţ V D H H
```

ALGE	VALURI
ANGHILĂ	STRIDIE
BALENĂ	PEŞTE
BARCĂ	CARACATIŢĂ
CORAL	SARE
DELFIN	RECIF
CREVETĂ	BURETE
CRAB	RECHIN
MAREE	FURTUNĂ
MEDUZE	TON

77 - Famiglia

```
L U N C H I S J I U B F Q D
R X E G C K J Y F H U I S K
X W P A T E R N R K N I T K
B C O P I L Ă R I E I C R X
X D T Q G Y R V D H C A Ă K
X K G C S O Ț I E F A M M X
X N E P O A T Ă S Y B A O M
H K T R Ț P E W R O U T Ș M
R D A D U Q I Z Y H N E G Q
A I T O L G V L L T I R B C
V X Ă U M Ă T U Ş Ă C N E W
E Ă K C B A Ţ Y G M Q W M V
X F R A T E M A G Q S O R A
C C J N H X R Ă M Ţ L P N O
```

STRĂMOȘ
COPIL
VĂR
FIICA
FRATE
COPILĂRIE
MAMĂ
SOȚUL
MATERN
SOȚIE

NEPOT
NEPOATĂ
BUNICA
BUNIC
TATĂ
PATERN
SORA
MĂTUȘĂ
UNCHI

78 - Veicoli

```
M X U S U B M A R I N R O A
A E R C E L I C O P T E R N
M O T L D Q C C A M R T O V
B C R R T P M Z I E E V J E
U A A S O Z M F X C N L D L
L R C P L U T Ă I O L S Y O
A A T B M O T O R L H E Z P
N V O A U T O B U Z Ţ E T E
Ţ A R C R A C H E T Ă T J Ă
Ă N B Z K E Ţ N R I G A N N
T Ă C A V I O N U B B X C M
Q F N Z R N W I C A M I O N
G R O E L C S C U T E R P Y
M M A Ș I N Ă C Z A N Q B E
```

AVION
AMBULANȚĂ
MAȘINĂ
AUTOBUZ
BARCĂ
BICICLETĂ
CAMION
CARAVANĂ
ELICOPTER
METROU

MOTOR
ANVELOPE
RACHETĂ
SCUTER
SUBMARIN
TAXI
BAC
TRACTOR
TREN
PLUTĂ

79 - Emozioni

```
R M M S D A E L T Ţ O S J C
B E D D A O X I S R J U C D
U S L R Q T C K L L E R O D
N I I A E O I Y B S V P N P
Ă M N G X Ţ T S Z O P R Ţ L
T P I O P A A M F I D I I I
A A Ș S V H T N Y Ă J Z N C
T T T T J E N A T M C Ă U T
E I E E B U C U R I E U T I
F E R I C I R E K T M L T S
P F U R I E O O C A L M M E
W A T R I S T E Ţ E T E J A
R E C U N O S C Ă T O R Ţ L
C X P E D X U R F R I C Ă Ă
```

DRAGOSTE
FERICIRE
CALM
CONȚINUT
EXCITAT
BUNĂTATE
BUCURIE
RECUNOSCĂTOR
JENAT
PLICTISEALĂ

PACE
FRICĂ
FURIE
RELAXAT
SIMPATIE
SATISFĂCUT
SURPRIZĂ
LINIȘTE
TRISTEȚE

80 - Natura

```
A C M D C W L J Y Q F T R T
D I R S D E Ș E R T A U X F
Ă N S A E N A R C T I C U R
P X Q N L J A Ț I G U Q R U
O W U C Y B X P Ă D U R E M
S B D T E T I E V S E Â Y U
T V R U F R U N Z E S U N S
A I F A Ț O O I E N O T O E
N T Z R Ț P V Z M I S M R Ț
I A M A L I D J I N T D I E
M L L R S C S X F U Â U B P
A G H E Ț A R B R W N J V N
L R Q S Ă L B A T I C E Q T
E C U D I N A M I C I U C L
```

ANIMALE	GHEȚAR
ALBINE	CEAȚĂ
ARCTIC	NORI
FRUMUSEȚE	ADĂPOST
DEȘERT	SANCTUAR
DINAMIC	STÂNCI
EROZIUNE	SĂLBATIC
RÂU	SENIN
FRUNZE	TROPICAL
PĂDURE	VITAL

81 - Balletto

```
C O R E G R A F I E F H M A
U Ţ G E S T F P S I N S U A
G R A Ţ I O S X L N U P Z C
E X P R E S I V N A G S I O
Î N D E M Â N A R E U T C M
J V V W U I T R E I E Z Ă P
A O G F Ş T E T P A T E E O
V K U R C D H I E K B M A Z
T R R D H Ţ N S T S Z C G I
P U B L I C I T I R C Y X T
S H A J H K C I Ţ E Y I I O
T D M S Y O Ă C I R A Ţ Ţ R
I U Y C D B A L E R I N Ă X
L D A N S A T O R I X S M Z
```

ÎNDEMÂNARE
APLAUZE
ARTISTIC
BALERINĂ
DANSATORI
COMPOZITOR
COREGRAFIE
EXPRESIV
GEST

GRAŢIOS
MUŞCHI
MUZICĂ
REPETIŢIE
PUBLIC
RITM
STIL
TEHNICĂ

82 - Castelli

```
M U A R C N O B I L W C P U
G C F E A I A J A F V G A N
T A Ţ G T H M S Ţ L A A L I
E V X A A U P P Z C A T A C
I A L T P E R R E O C U T O
P L S C U T I I P R Z R R R
Y E A A L C N N C O I N T N
R R R L T W Ţ Ţ V A A U G Z
O T M E A F E R D N Y Y M S
D C U J T Ţ S Y S Ă Z D Y A
F Ţ R G Y E Ă P U N Z B T B
P F Ă Ţ L D I N A S T I E I
F E U D A L S S N U T T C E
F O R T Ă R E A Ţ Ă M P H W
```

ARMURĂ
CATAPULTA
CAVALER
CAL
COROANĂ
DINASTIE
BALAUR
FEUDAL
FORTĂREAȚĂ
IMPERIU

NOBIL
PALAT
PERETE
PRINȚ
PRINȚESĂ
REGAT
SCUT
SABIE
TURN
UNICORN

83 - Foresta Pluviale

```
I  B  F  P  Ă  S  Ă  R  I  V  C  C  S  U
H  N  A  T  U  R  Ă  V  N  A  O  L  U  T
T  Ţ  D  F  E  S  L  W  S  L  M  I  P  W
M  A  M  I  F  E  R  E  E  O  U  M  R  R
V  T  Ţ  O  G  P  Y  Ţ  C  R  N  A  A  E
Q  A  B  Q  J  E  G  N  T  O  I  T  V  S
S  P  E  C  I  E  N  Ţ  E  S  T  D  I  T
J  U  N  G  L  Ă  C  E  C  O  A  M  E  A
C  O  N  S  E  R  V  A  R  E  T  U  Ţ  U
D  I  V  E  R  S  I  T  A  T  E  Ș  U  R
N  G  P  I  R  B  O  T  A  N  I  C  I  A
O  A  M  F  I  B  I  E  N  I  G  H  R  R
R  E  S  P  E  C  T  Y  T  X  O  I  E  E
I  U  R  E  F  U  G  I  U  X  O  J  U  Ţ
```

AMFIBIENI
BOTANIC
CLIMAT
COMUNITATE
DIVERSITATE
JUNGLĂ
INDIGENE
INSECTE
MAMIFERE
MUȘCHI

NATURĂ
NORI
CONSERVARE
VALOROS
RESTAURARE
REFUGIU
RESPECT
SUPRAVIEȚUIRE
SPECIE
PĂSĂRI

84 - Edifici

```
Q T M O R W Q D Q E L A S U
N Ţ T Ş F Ţ O Z S B A M P O
A A B W C A S T E L B B I B
P P Z K A O H F R B O A T S
E A P Ţ B O A X U E R S A E
S R P T I M M L Ţ I A A L R
H T U R N U B H Ă D T D O V
A A A V Ă Z A O Ţ X O Ă N A
N M F D C E R T A G R M A T
P E N S I U N E E C O R T O
Ţ N N T N O Q L Y A S N J R
Y T X Q E J N Z T B T D L S
Y R Y J M T W I Ţ I R R T W
V Q B J A F A B R I C Ă U K
```

AMBASADĂ
APARTAMENT
CABINĂ
CASTEL
CINEMA
FABRICĂ
HAMBAR
HOTEL
LABORATOR

MUZEU
SPITAL
OBSERVATOR
PENSIUNE
ŞCOALĂ
STADION
TEATRU
CORT
TURN

85 - Paesi #2

```
D A N E M A R C A F L A T D
O N I G E R I A V E I F D U
V V L G I S R O M O B N T C
R Q C L R T T Y A M E P M R
Z S Q M L E Y V D R R O R A
W V F V A X C Z A U I Q J I
I N D O N E Z I A S A P A N
M R F D D J A M A I C A P A
H E N L A O S U D A N K O N
Y A X G Y L S B R E G I N E
X V I I E T I O P I A S I P
W R E T C D R F B P O T A A
U X W Q I T I M M T Y A I L
U G A N D A A A L B A N I A
```

ALBANIA	LIBERIA
DANEMARCA	MEXIC
ETIOPIA	NEPAL
JAMAICA	NIGERIA
JAPONIA	PAKISTAN
GRECIA	RUSIA
HAITI	SIRIA
INDONEZIA	SUDAN
IRLANDA	UCRAINA
LAOS	UGANDA

86 - Tipi di Capelli

```
F  S  N  C  C  L  M  A  R  O  A  B  F  Z
I  U  E  W  O  U  V  O  F  E  Q  Ţ  J  J
Z  B  T  G  K  L  H  O  A  H  R  S  R  Î
C  Ţ  E  Ţ  Z  A  O  G  L  L  U  G  K  M
H  I  D  P  G  B  U  R  B  O  E  R  V  P
E  R  B  U  C  L  E  O  A  I  D  I  B  L
L  E  L  U  R  K  S  S  S  T  Ţ  E  L  E
V  B  O  Y  E  H  Ţ  S  K  M  E  J  U  T
X  I  N  P  T  E  S  C  Ă  M  H  A  N  I
I  J  D  N  E  G  R  U  S  N  K  N  G  T
J  S  P  G  U  P  Z  R  S  K  Ă  C  N  J
N  M  E  U  S  C  A  T  K  E  J  T  W  A
Î  M  P  L  E  T  I  T  U  R  I  H  O  K
A  R  G  I  N  T  P  N  W  L  E  Y  U  S
```

ARGINT	LUNG
USCAT	MARO
ALB	MOALE
BLOND	NEGRU
SCURT	CRET
CHEL	BUCLE
COLORATE	SĂNĂTOS
GRI	SUBŢIRE
ÎMPLETIT	GROS
NETED	ÎMPLETITURI

87 - Vestiti

```
R  Ș  P  I  J  A  M  A  Ţ  U  N  H  R  L
N  O  Ţ  K  S  A  N  D  A  L  E  C  S  D
L  R  C  P  A  N  T  A  L  O  N  I  Q  S
E  Ţ  N  H  G  K  Y  B  J  S  Z  H  N  T
P  H  K  M  I  R  K  C  H  Ţ  O  U  H  D
W  U  P  Ă  H  E  W  Z  V  F  C  S  O  H
Y  X  U  N  X  Z  J  N  K  O  W  C  J  C
E  B  L  U  G  I  T  A  M  B  O  U  H  T
Ș  R  O  Ș  P  S  Q  C  O  L  I  E  R  H
A  Ă  V  I  X  A  J  K  D  K  U  Ţ  O  A
R  Ţ  E  X  O  C  N  C  Ă  M  A  Ș  Ă  I
F  A  R  T  M  O  O  T  C  U  R  E  A  N
Ă  R  F  B  L  U  Z  Ă  O  W  T  L  V  A
P  Ă  L  Ă  R  I  E  N  P  F  U  S  T  A
```

ROCHIE	ȘORŢ
BRĂŢARĂ	MĂNUȘI
BLUZĂ	BLUGI
CĂMAȘĂ	PULOVER
PĂLĂRIE	MODĂ
HAINA	PANTALONI
CUREA	PIJAMA
COLIER	SANDALE
SACOU	PANTOF
FUSTA	EȘARFĂ

88 - Attività e Tempo Libero

```
G  R  Ă  D  I  N  Ă  R  I  T  Y  T  U  B
C  U  M  P  Ă  R  Ă  T  U  R  I  E  T  A
J  H  P  S  I  A  B  T  F  Ţ  K  N  S  S
N  Y  P  E  S  C  U  I  T  O  U  I  O  C
X  K  R  E  L  A  X  A  N  T  T  S  B  H
S  K  M  U  H  M  V  O  L  E  I  B  I  E
Q  F  M  Ţ  V  P  Î  H  E  E  O  P  A  T
B  S  U  R  F  I  N  G  O  L  F  I  H  L
N  O  R  Z  N  N  O  U  N  O  M  C  R  Ţ
V  B  X  Q  M  G  T  G  W  D  H  T  N  S
Y  A  T  B  A  S  E  B  A  L  L  U  W  I
J  D  R  S  C  U  F  U  N  D  Ă  R  I  X
H  K  T  T  F  N  Z  A  I  E  A  A  O  M
E  G  A  C  Ă  D  R  U  M  E  Ţ  I  I  Q
```

ARTĂ
BASEBALL
BASCHET
BOX
FOTBAL
CAMPING
DRUMEŢII
GRĂDINĂRIT
GOLF

SCUFUNDĂRI
ÎNOT
VOLEI
PESCUIT
PICTURA
RELAXANT
CUMPĂRĂTURI
SURFING
TENIS

89 - Tecnologia

```
F  I  Ş  I  E  R  Y  A  B  B  Ţ  D  B  C
O  O  Ţ  B  G  F  F  Z  I  U  R  C  R  A
F  H  N  M  Y  X  V  D  A  T  E  E  O  L
O  B  Y  T  E  S  F  W  I  E  U  R  W  C
C  M  S  N  C  U  R  S  O  R  T  C  S  U
I  N  T  E  R  N  E  T  G  J  Q  E  E  L
C  Z  A  J  A  E  V  M  Ţ  K  Z  T  R  A
M  I  T  K  N  Q  V  I  R  T  U  A  L  T
F  E  I  S  O  F  T  W  A  R  E  R  K  O
J  E  S  V  I  R  U  S  A  Q  F  E  F  R
B  U  T  A  P  A  R  A  T  F  O  T  O  Q
F  X  I  P  J  B  L  O  G  I  H  R  A  O
G  V  C  S  E  C  U  R  I  T  A  T  E  V
G  D  I  G  I  T  A  L  B  V  L  C  L  K
```

BLOG
BROWSER
BYTES
CALCULATOR
CURSOR
DATE
DIGITAL
FIŞIER
FONT
INTERNET

MESAJ
CERCETARE
ECRAN
SECURITATE
SOFTWARE
STATISTICI
APARAT FOTO
VIRTUAL
VIRUS

90 - Arte

```
A D K C M E T P H Q C C Y P
S G N O P H U O W D O E P X
O P I M D Q W R T Ţ M R O X
D I S P O Z I T I E P A E T
S C U L P T U R Ă Q O M Z C
I P L E E Y Ţ E E S Z I I O
M E L X Y M E T Ţ M I C E W
B R X V I Z U A L A Ţ Ă A S
O S U P R A R E A L I S M I
L O I K R Z P B W V E G Ţ N
W N W C R E A S I M P L U C
P A I M A Y S U B I E C T E
Ţ L E Ţ V O R I G I N A L R
I N S P I R A T E S R L K R
```

CERAMICĂ
COMPLEX
COMPOZIŢIE
CREA
EXPRESIE
INSPIRAT
SINCER
ORIGINAL
PERSONAL

POEZIE
PORTRET
SCULPTURĂ
SIMPLU
SIMBOL
SUBIECT
SUPRAREALISM
DISPOZITIE
VIZUAL

91 - Meteo

```
V  N  U  I  L  W  Y  V  W  P  P  H  S  G
A  X  Z  Z  A  A  G  Q  C  O  N  E  E  R
T  U  N  E  T  W  R  J  G  L  L  E  E  L
M  O  O  F  U  L  G  E  R  A  Q  Z  V  K
O  O  R  C  E  A  Ț  Ă  U  R  A  G  A  N
S  F  G  N  B  R  I  Z  Ă  S  K  H  K  M
F  E  M  I  A  W  I  C  I  C  C  V  X  U
E  G  C  N  O  D  H  E  L  U  K  A  Y  S
R  H  L  E  I  E  Ă  R  Z  R  L  L  T  O
Ă  E  I  V  T  R  O  P  I  C  A  L  E  N
P  A  M  Â  Y  Ă  G  T  O  U  K  R  C  J
H  Ț  A  N  U  N  A  C  P  B  R  Q  T  R
Y  Ă  T  T  P  R  L  N  B  E  U  A  C  Ț
F  U  R  T  U  N  Ă  C  Z  U  Ț  C  X  L
```

CURCUBEU
USCAT
ATMOSFERĂ
BRIZĂ
CER
CLIMAT
FULGER
GHEAȚĂ
MUSON
CEAȚĂ

NOR
POLAR
SECETĂ
FURTUNĂ
TORNADĂ
TROPICALE
TUNET
URAGAN
VÂNT

92 - Corpo Umano

```
P  F  E  U  D  N  U  C  J  V  M  D  C  G
F  I  A  S  T  Y  M  R  G  O  Â  E  R  L
Y  T  C  I  P  E  Ă  I  E  G  N  G  E  E
U  G  D  I  I  B  R  N  N  C  Ă  E  I  Z
Y  R  Q  D  O  Ă  T  I  U  S  H  T  E  N
C  A  Q  C  C  R  G  M  N  Â  H  E  R  Ă
A  A  W  L  H  B  M  Ă  C  N  I  K  L  C
P  A  Z  U  I  I  Y  G  H  G  U  R  Ă  Z
V  B  O  A  X  E  C  P  I  E  L  E  L  N
N  X  N  B  Q  T  T  C  B  C  U  Z  A  J
F  A  S  T  O  M  A  C  G  Â  T  Y  D  K
A  V  S  N  Z  R  G  Z  F  A  C  M  P  U
Ț  U  Q  N  N  V  Z  M  C  O  T  N  O  E
Ă  H  S  A  G  F  A  T  N  V  N  E  F  Ț
```

GURĂ
GLEZNĂ
CREIER
GÂT
INIMĂ
DEGET
FAȚĂ
PICIOR
GENUNCHI
COT

MÂNĂ
BĂRBIE
NAS
OCHI
URECHE
PIELE
SÂNGE
UMĂR
STOMAC
CAP

93 - Mammiferi

```
V  I  S  X  U  A  I  Y  N  S  N  Z  I  E
M  M  Y  A  I  D  E  L  F  I  N  E  F  F
S  U  Ţ  L  E  Ţ  P  A  K  H  E  B  F  O
T  C  R  B  P  G  B  J  M  I  F  R  L  Ţ
C  A  L  E  U  C  Â  I  N  E  W  Ă  U  M
S  H  U  W  R  D  O  W  Z  V  U  L  P  E
T  Q  A  R  E  V  N  N  J  B  S  R  U  L
T  N  C  B  L  Q  M  Z  J  Ţ  L  N  S  E
X  G  O  R  I  L  Ă  J  A  L  U  L  I  F
M  A  I  M  U  Ţ  Ă  B  A  L  E  N  Ă  A
C  P  O  R  C  A  N  G  U  R  J  C  N  N
H  D  T  O  A  P  I  S  I  C  Ă  E  L  T
O  A  I  E  A  F  E  G  C  I  K  R  X  Z
O  J  G  B  J  J  Ă  M  K  Z  R  B  R  G
```

BALENĂ	GIRAFĂ
CÂINE	GORILĂ
CANGUR	LEU
CAL	LUP
CERB	URS
IEPURE	OAIE
COIOT	MAIMUŢĂ
DELFIN	TAUR
ELEFANT	VULPE
PISICĂ	ZEBRĂ

94 - Arrampicata

```
A Q S E X P E R T G C B D A
T Î N G U S T D C Ă U A R L
M C R K H T X U T K R S U T
O F Ţ M I I R O F R I I M I
S U Y I S V D S V P O H E T
F I Z I C O A U Z M Z O Ţ U
E F O R M A R E R S I U I D
R C A S C Ă T B C I T W I I
Ă P R O V O C Ă R I A F E N
Ţ M X H M Ă N U Ş I T N X E
E G B P A G Y W E B E K J Ţ
Ţ X Y W Y R P E Ş T E R Ă T
E M I R Y C T C I Z M E X S
F Z E Q Ţ Z Ţ Ă X Q K V N B
```

ALTITUDINE
ATMOSFERĂ
CASCĂ
CURIOZITATE
DRUMEŢII
EXPERT
FIZIC
FORMARE

TĂRIE
PEȘTERĂ
MĂNUȘI
GHIDURI
HARTĂ
PROVOCĂRI
CIZME
ÎNGUST

95 - Animali Domestici

```
G C C Z C E C P Y P Q P H V
H A Ă Â X D M W K A W I A A
T P E Ț I H C C J P O S M C
B R R A E N F X S A A I S Ă
S Ă P L F L E F Y G L C T A
U Q E I W I U S P A P Ă E N
Q O Ş M S Y I Ș A L V A R X
E K T E Ș O A R E C E V F C
G H E N T F I J G U L E R L
N X Y T I E P U R E U T C E
L L W E S Ș O P Â R L Ă C S
V E T E R I N A R I A C N Ă
G H E A R E X Z L W B H M B
O D P N C O A D Ă X E J I O
```

APĂ	PISOI
GHEARE	PISICĂ
CÂINE	LESĂ
CAPRĂ	ȘOPÂRLĂ
ALIMENTE	VACĂ
COADĂ	PAPAGAL
GULER	PEȘTE
IEPURE	ȘOARECE
HAMSTER	VETERINAR
CĂȚELUȘ	LABE

96 - Cucina

```
L I N G U R I C E A I N I C
Y R Z D I N L U G Z B Z D D
D J T A S X Y P O L O N I C
F S B A L I M E N T E C C I
B E Ț I Ș O A R E R H O L R
N F R I G I D E R S V N Z E
C U P T O R G C B M I D Ș Ț
B R J Y X I U B Y U O I O E
O C O N G E L A T O R M R T
R I Y I R I C U Ț I T E Ț Ă
C W J P Ă D I U V T F N T A
A C A S T R O N N X B T G E
N Z S W A A R E S A T E U M
U J V Z R Ș E R V E Ț E L L
```

BEȚIȘOARE	FRIGIDER
CEAINIC	ȘORȚ
ULCIOR	GRĂTAR
ALIMENTE	POLONIC
CASTRON	REȚETĂ
CUȚITE	CONDIMENTE
CONGELATOR	BURETE
LINGURI	CUPE
FURCI	ȘERVEȚEL
CUPTOR	BORCAN

97 - Vacanze #2

```
U Q T V T R F D C D I Y H A
K Y I I L L W X O E N B I E
S T M Z U B S I R S S T C R
R J P Ă D Ţ T G T T U L I O
C Ă L Ă T O R I E I L P T P
T U I Y L I Ă U T N Ă A A O
D W B I V U I Z W A X Ş X R
C B E Q N A N Ţ L Ţ H A I T
H A R T Ă U C R Q I T P L G
O K M T R E N A Z E Y O M L
T D V P L A J Ă N H X R E X
E R L E I M A R E Ţ A T A T
L N E R I N N Z L I Ă W X H
F F F O T O G R A F I I D X
```

AEROPORT
CAMPING
DESTINAŢIE
FOTOGRAFII
HOTEL
INSULĂ
HARTĂ
MARE
PAŞAPORT

PLAJĂ
STRĂIN
TAXI
TIMP LIBER
CORT
TREN
VACANŢĂ
CĂLĂTORIE
VIZĂ

98 - Attività

```
N T O J V E C C U M G C F R
W K E M R E L A X A R E O P
D A N S O C E M F G Ă R T L
U R E S R U C P T I D A O Ă
S A U I P S T I Ţ E I M G C
R M D M B U U N G F N I R E
D Ţ X I E T R G N Y Ă C A R
Ţ P V P B Ţ Ă Q D Y R Ă F E
P U Z Z L E I G R J I U I J
G V G V T K P I W N T B E O
X Q A C T I V I T A T E L C
H C P R U G P E S C U I T U
V Â N Ă T O A R E D U R L R
G E E Y Ţ Ă C F U S A Z A I
```

ARTĂ
ACTIVITATE
VÂNĂTOARE
CAMPING
CERAMICĂ
CUSUT
DANS
DRUMEŢII
FOTOGRAFIE

GRĂDINĂRIT
JOCURI
LECTURĂ
MAGIE
PESCUIT
PLĂCERE
PUZZLE
RELAXARE

99 - Forniture Artistiche

```
A  C  U  A  R  E  L  E  E  T  C  C  C  C
N  C  J  S  N  P  U  T  T  G  E  R  Ă  R
H  Â  R  T  I  E  T  V  V  E  R  E  R  E
R  A  D  I  E  R  Ă  J  E  Z  N  I  B  A
U  L  E  I  L  I  P  I  C  I  E  O  U  T
I  D  E  I  A  I  O  A  P  Ă  A  A  N  I
C  U  L  O  R  I  C  X  T  M  L  N  E  V
P  A  S  T  E  L  U  R  I  A  Ă  E  H  I
F  S  F  F  P  E  W  S  R  T  B  V  T  T
Ț  B  C  E  M  E  Ș  E  V  A  L  E  T  A
C  P  Z  A  E  H  I  E  W  V  A  Ț  L  T
X  U  L  V  U  B  T  J  R  S  R  A  N  E
J  H  F  A  V  N  C  P  O  N  W  S  Q  P
A  P  A  R  A  T  F  O  T  O  A  C  W  O
```

APĂ	RADIERĂ
ACUARELE	IDEI
ACRILIC	CERNEALĂ
LUT	CREIOANE
CĂRBUNE	ULEI
HÂRTIE	PASTELURI
ȘEVALET	SCAUN
LIPICI	PERII
CULORI	TABEL
CREATIVITATE	APARAT FOTO

100 - Misurazioni

```
Z U N C I E Q G H D D F O V
L E U J R C S R F A L J U I
Ă Y C L T W B E J I L X U C
Ţ K M I P C Z U H K Z B J U
I I Z N M B Y T E C X K Ă U
M L G R E A J A O E Z I L Î
E O R J T D L T Ţ N Q L U N
S G I G R Â I E J T Ă O N Ă
G R A D U N T D R I K M G L
R A W U G C R Z P M S E I Ţ
A M K V S I U F M E O T M I
M Q C I Z M I N U T Y R E M
V O L U M E T E Z R L U T E
Y Z M J I X I F V U I N C H
```

ÎNĂLŢIME	LUNGIME
BYTE	METRU
CENTIMETRU	MINUT
KILOGRAM	UNCIE
KILOMETRU	GREUTATE
ZECIMAL	HALBĂ
GRAD	INCH
GRAM	ADÂNCIME
LĂŢIME	TONĂ
LITRU	VOLUM

1 - Scacchi

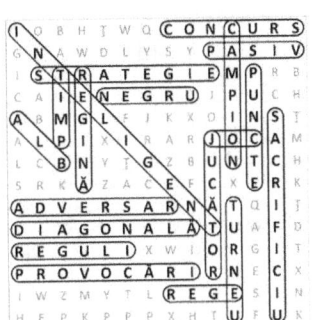

2 - Aggettivi #2

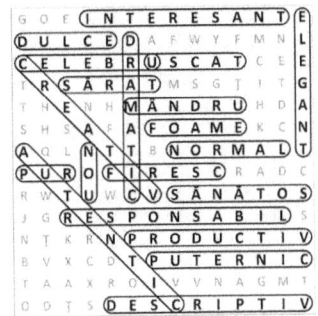

3 - Mobili

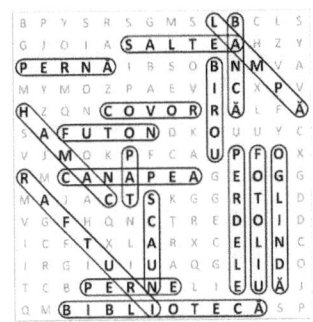

4 - Pesca

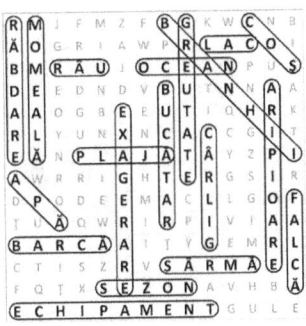

5 - Aggettivi #1

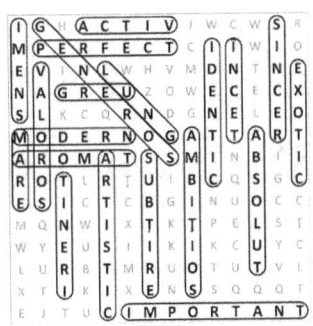

6 - Geologia

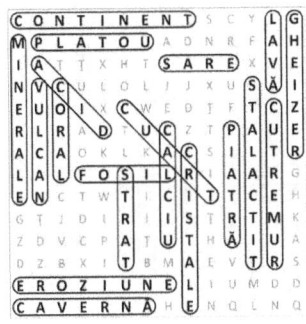

7 - Campeggio

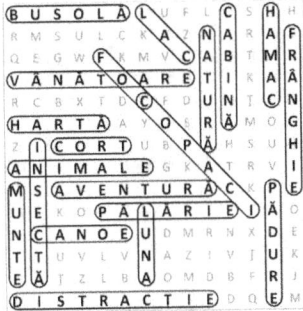

8 - Arti Visive

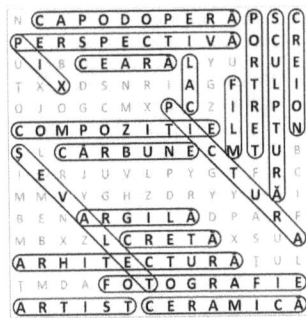

9 - Esplorazione

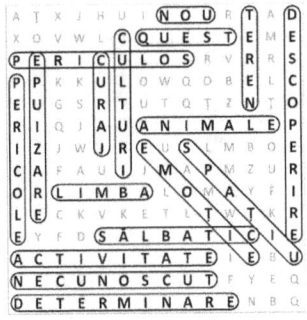

10 - Tempo

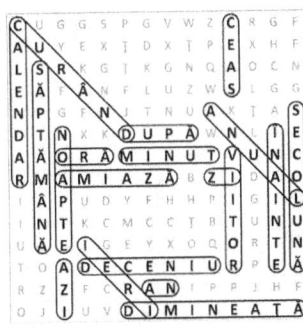

11 - Astronomia

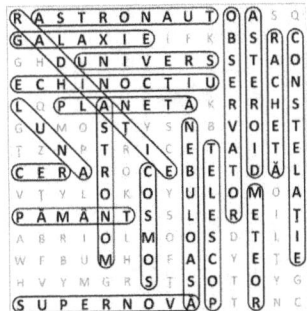

12 - Circo

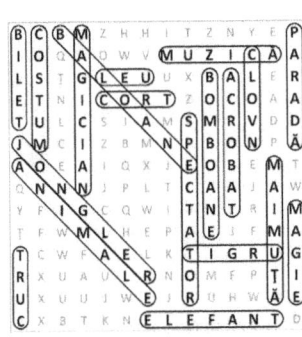

13 - Mitologia

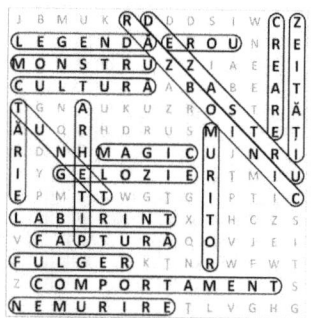

14 - Piante

15 - Spezie

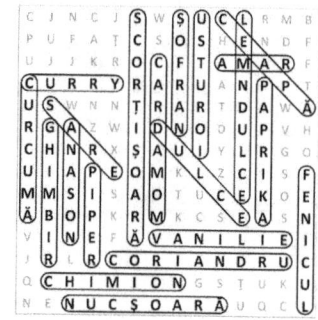

16 - Numeri

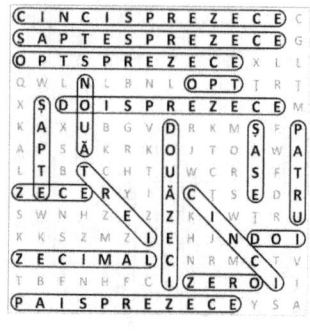

17 - Cioccolato

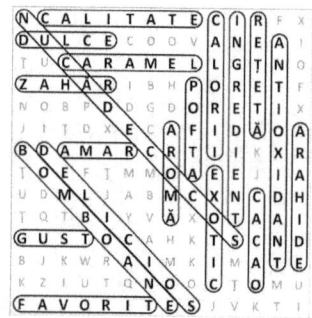

18 - Guida

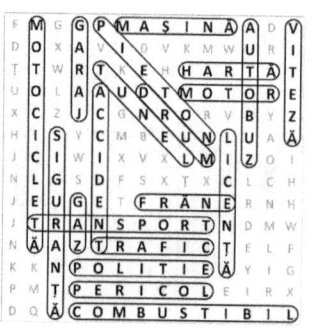

19 - Sport

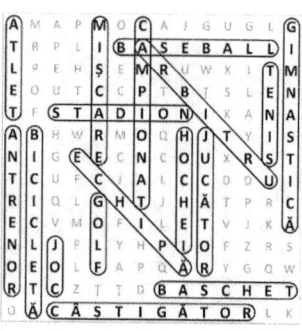

20 - Giocattoli

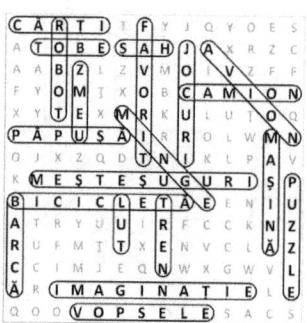

21 - Strumenti di Cottura

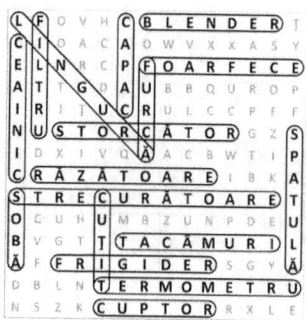

22 - Uccelli

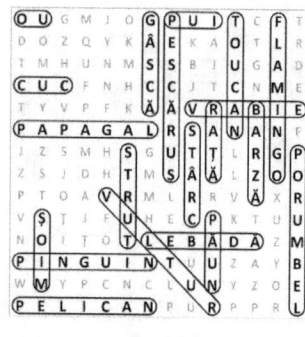

23 - Giorni e Mesi

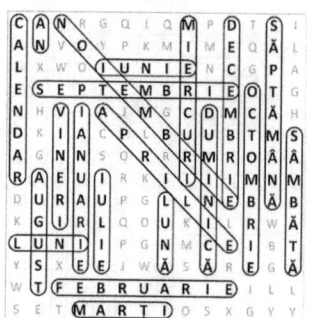

24 - Casa

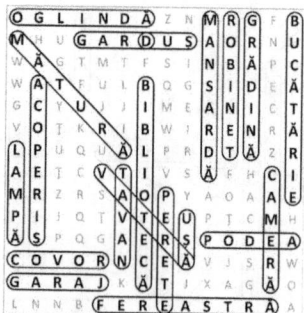

25 - Ristorante #1

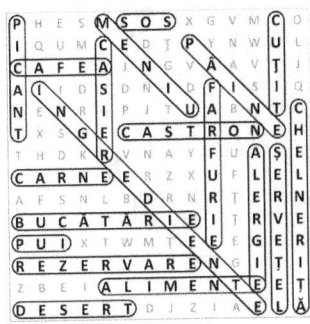

26 - Fantascienza

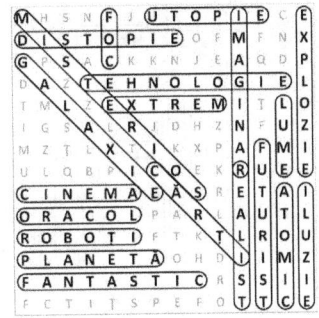

27 - Città

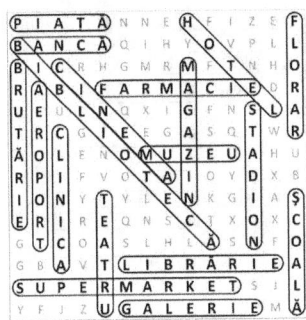

28 - Virtù #1

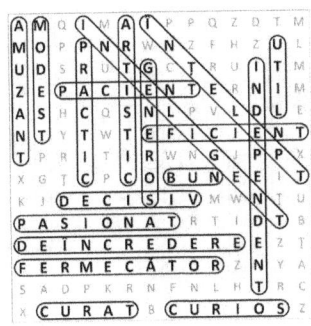

29 - Compleanno

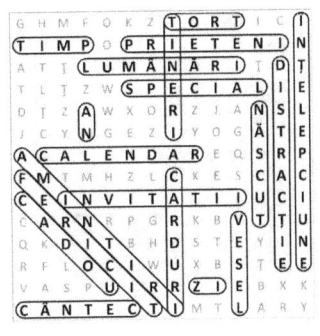

30 - Fattoria #1

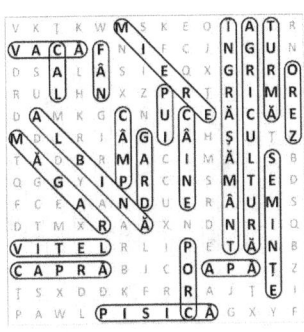

31 - Paesaggi

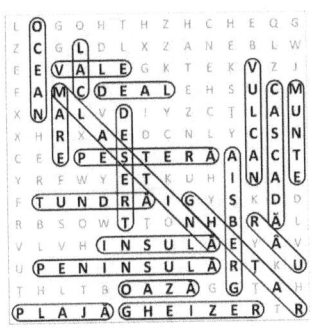

32 - Ristorante #2

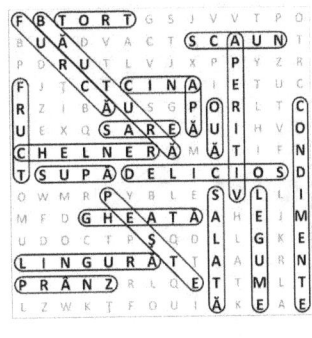

33 - Giardino

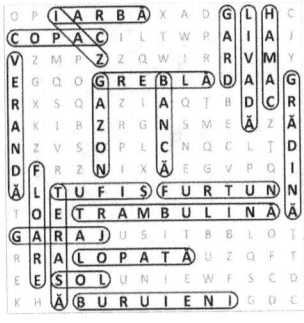

34 - Frutta

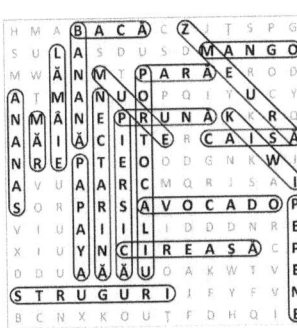

35 - Fattoria #2

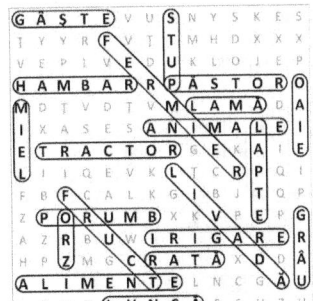

36 - Dinosauri

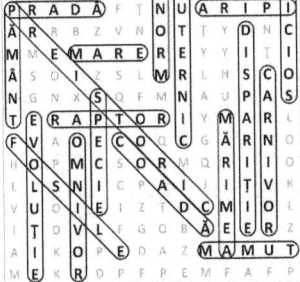

37 - Verdure

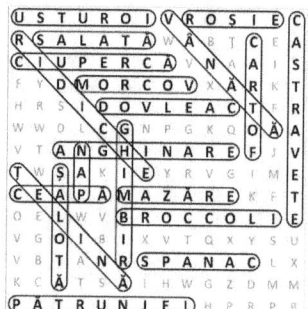

38 - Scuola #2

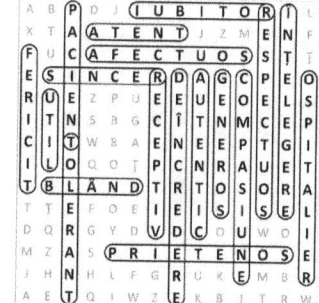

39 - Gentilezza

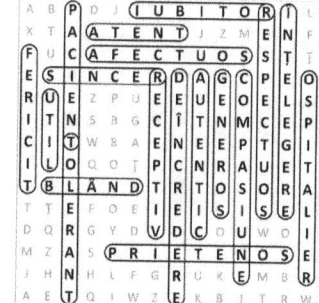

40 - Barbecue

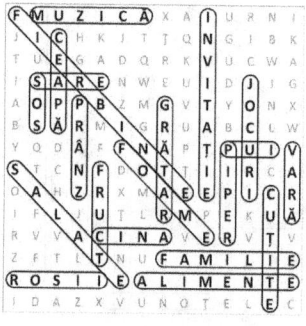

41 - Riempire

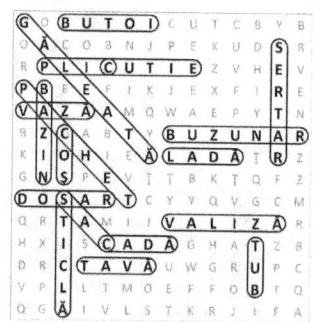

42 - Insetti

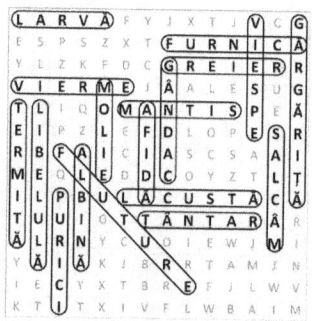

43 - Erboristeria

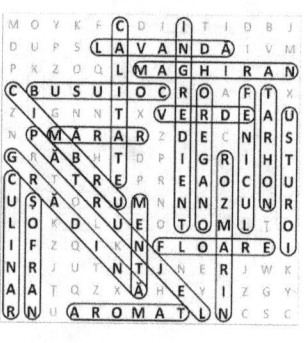

44 - Danza

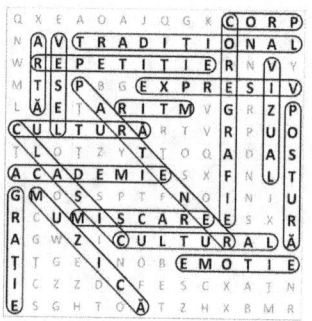

45 - Commedia

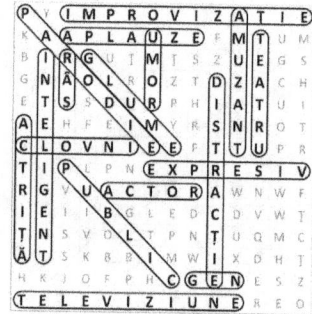

46 - Scuola #1

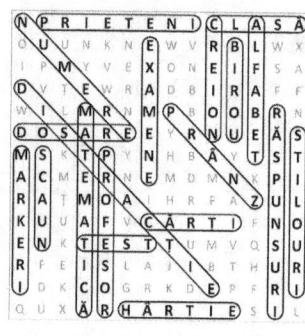

47 - Fiori

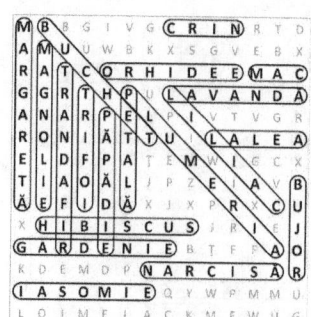

48 - Ecologia

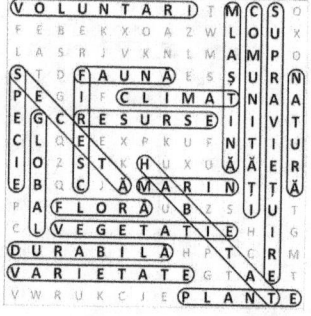

49 - Discipline Scientifiche

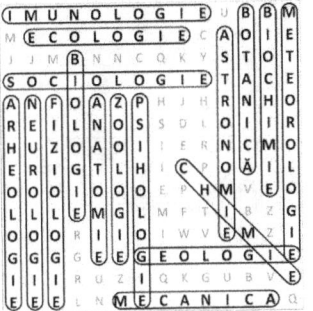

50 - Scienza

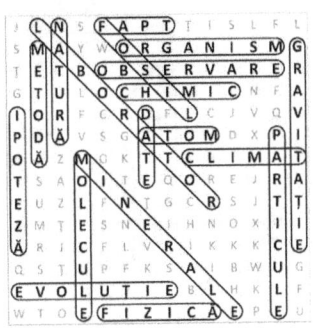

51 - Acqua

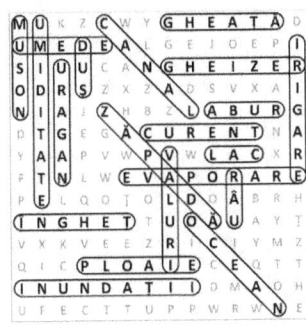

52 - Gatti

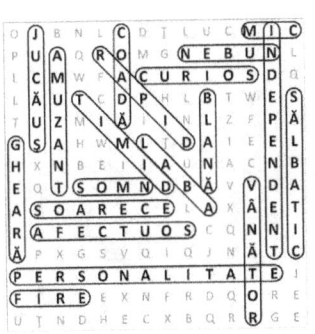

53 - Surf

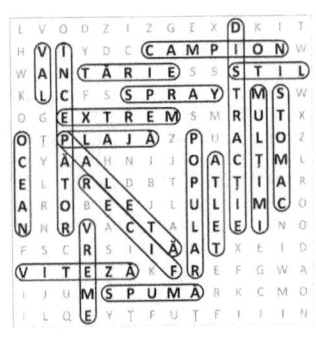

54 - Imbarcazioni

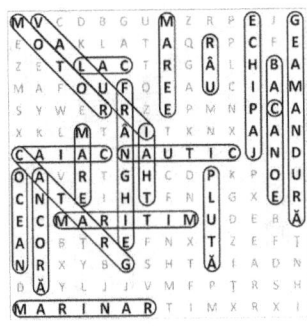

55 - Api

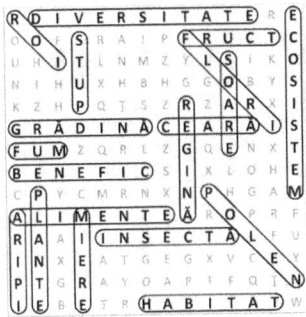

56 - Conservazione

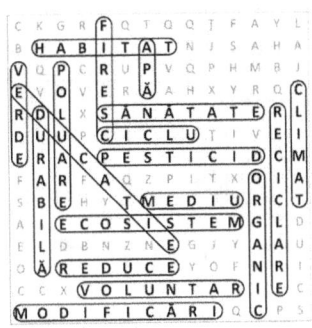

57 - Strumenti Musicali

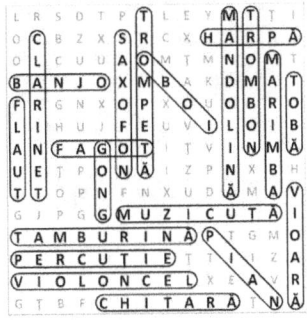

58 - Professioni #2

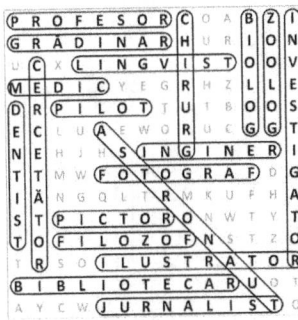

59 - Letteratura

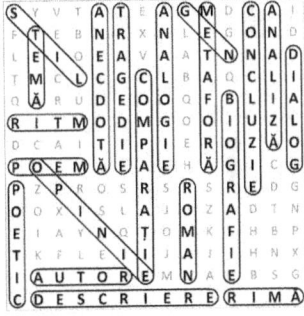

60 - Cibo #2

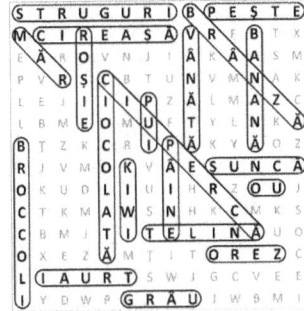

61 - Nutrizione

62 - Matematica

63 - Meditazione

64 - Estate

65 - Escursionismo

66 - Professioni #1

67 - Antartide

68 - Libri

69 - Geografia

70 - Cibo #1

71 - Aeroplani

72 - Pirati

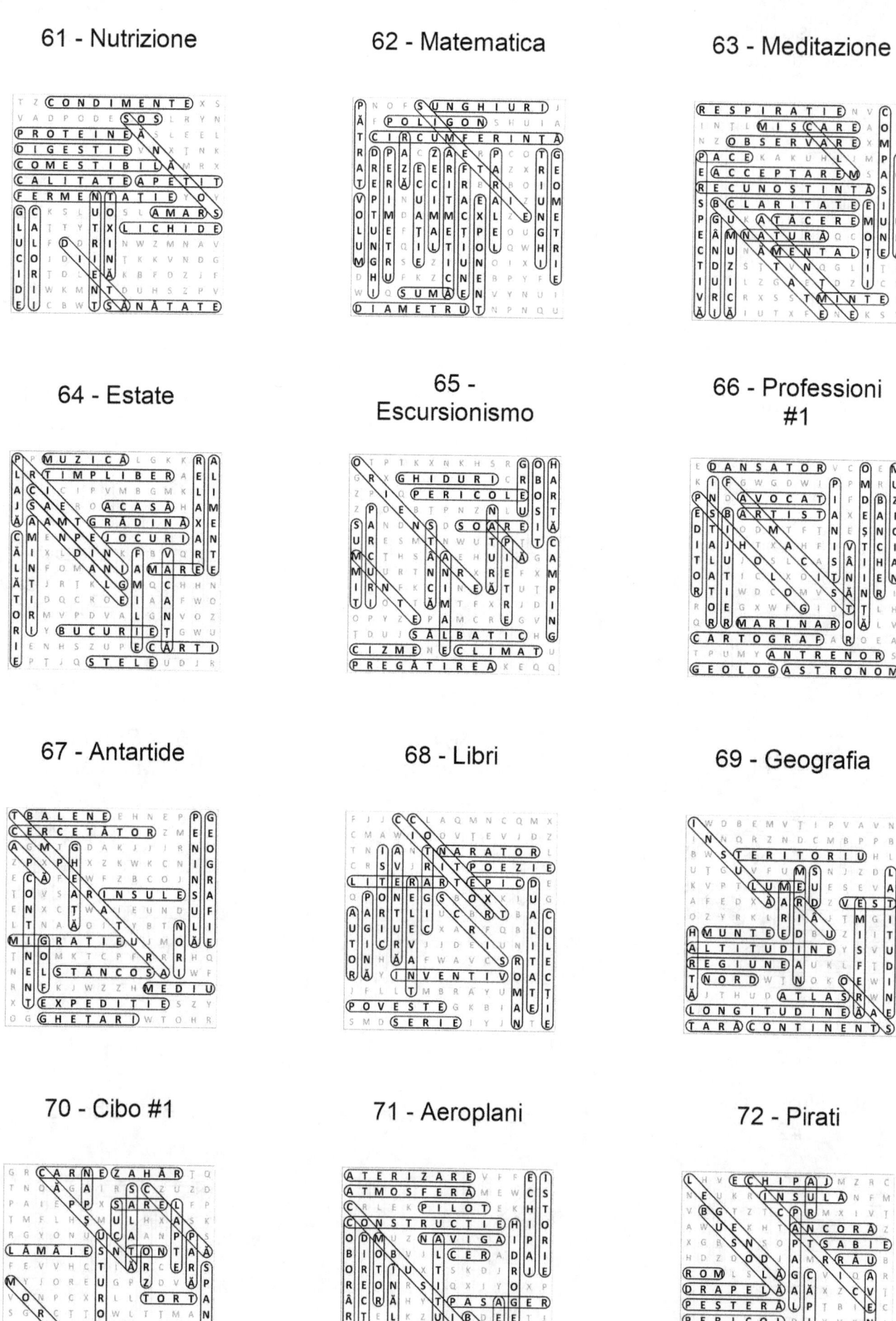

73 - Colori

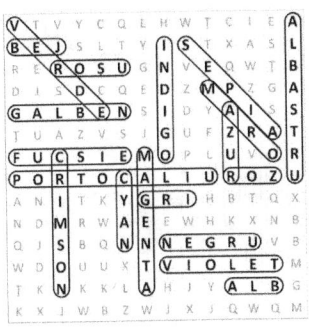

74 - Avventura

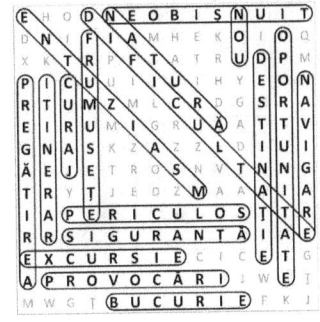

75 - Forme

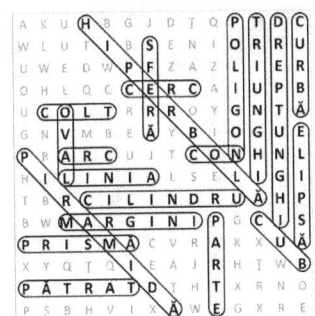

76 - Oceano

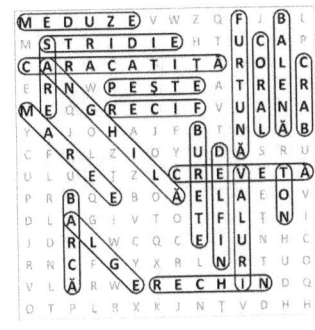

77 - Famiglia

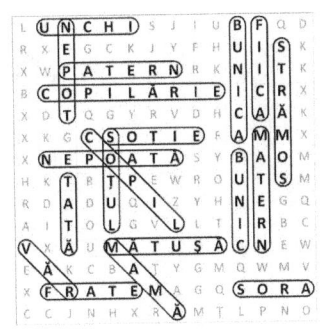

78 - Veicoli

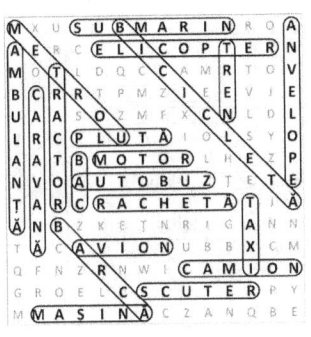

79 - Emozioni

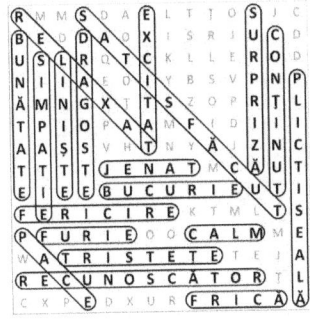

80 - Natura

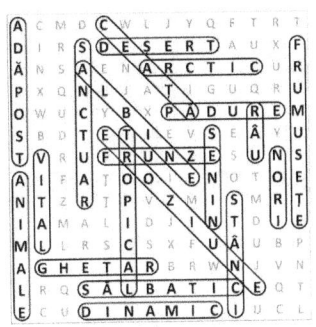

81 - Balletto

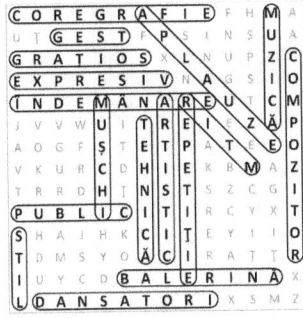

82 - Castelli

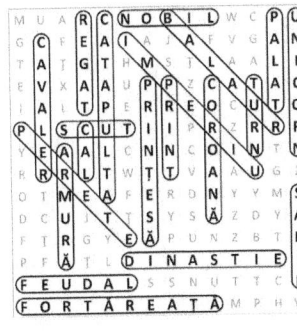

83 - Foresta Pluviale

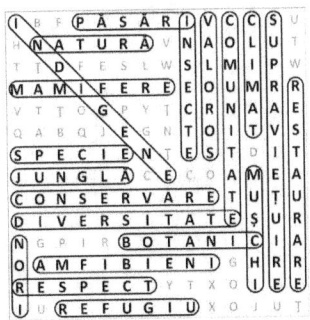

84 - Edifici

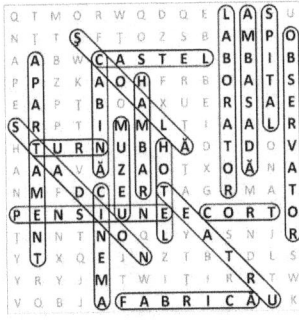

85 - Paesi #2

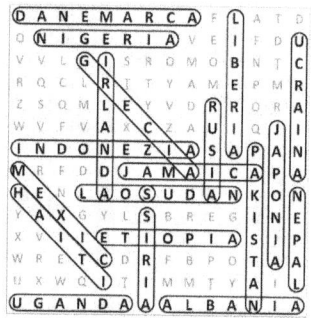

86 - Tipi di Capelli

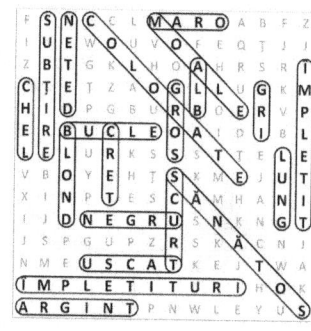

87 - Vestiti

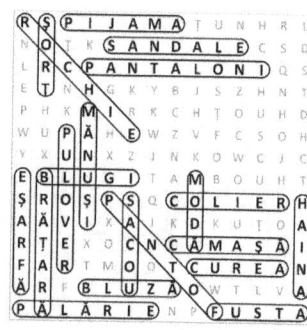

88 - Attività e Tempo Libero

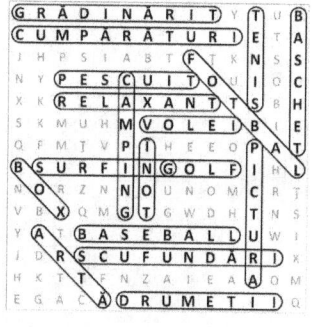

89 - Tecnologia

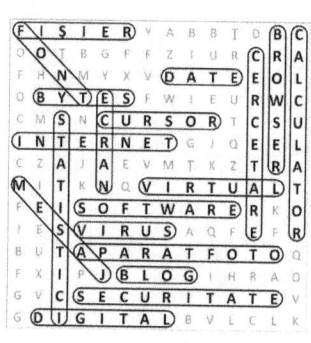

90 - Arte

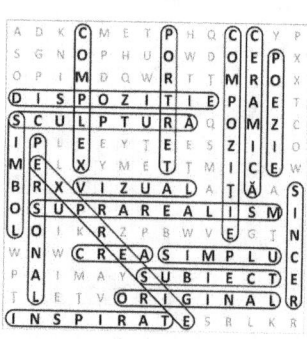

91 - Meteo

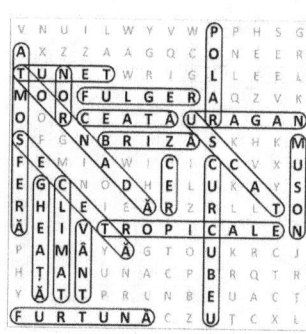

92 - Corpo Umano

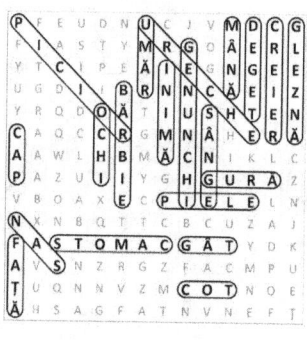

93 - Mammiferi

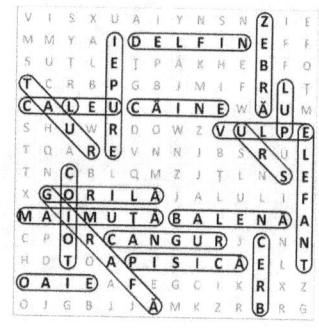

94 - Arrampicata

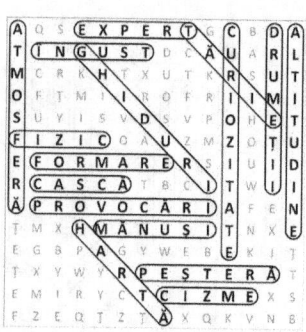

95 - Animali Domestici

96 - Cucina

97 - Vacanze #2

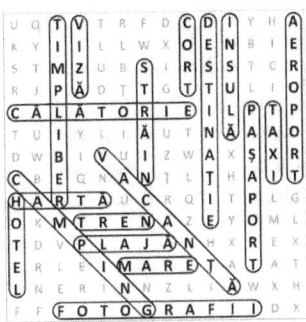

98 - Attività

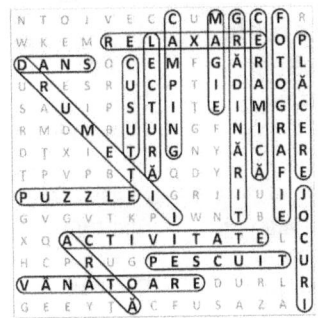

99 - Forniture Artistiche

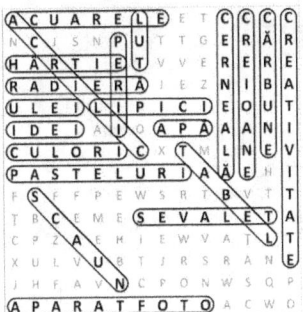

100 - Misurazioni

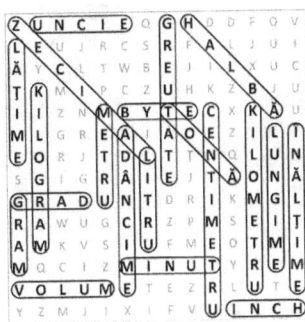

Dizionario

Acqua
Apă

Alluvione	Inundaţii
Canale	Canal
Doccia	Duş
Evaporazione	Evaporare
Fiume	Râu
Flusso	Curent
Gelo	Îngheţ
Geyser	Gheizer
Ghiaccio	Gheaţă
Irrigazione	Irigare
Lago	Lac
Monsone	Muson
Neve	Zăpadă
Oceano	Ocean
Onde	Valuri
Pioggia	Ploaie
Umidità	Umiditate
Umido	Umede
Uragano	Uragan
Vapore	Abur

Aeroplani
Avioane

Altezza	Înălţime
Altitudine	Altitudine
Aria	Aer
Atmosfera	Atmosferă
Atterraggio	Aterizare
Avventura	Aventură
Carburante	Combustibil
Cielo	Cer
Costruzione	Construcţie
Direzione	Direcţie
Discesa	Coborâre
Equipaggio	Echipaj
Idrogeno	Hidrogen
Motore	Motor
Navigare	Naviga
Palloncino	Balon
Passeggero	Pasager
Pilota	Pilot
Storia	Istorie
Turbolenza	Turbulenţă

Aggettivi #1
Adjective #1

Ambizioso	Ambiţios
Aromatico	Aromat
Artistico	Artistic
Assoluto	Absolut
Attivo	Activ
Enorme	Imens
Esotico	Exotic
Generoso	Generos
Giovane	Tineri
Grande	Mare
Identico	Identic
Importante	Important
Lento	Încet
Lungo	Lung
Moderno	Modern
Onesto	Sincer
Perfetto	Perfect
Pesante	Greu
Prezioso	Valoros
Sottile	Subţire

Aggettivi #2
Adjective #2

Affamato	Foame
Asciutto	Uscat
Autentico	Autentic
Creativo	Creativ
Descrittivo	Descriptiv
Dolce	Dulce
Drammatico	Dramatic
Elegante	Elegant
Famoso	Celebru
Forte	Puternic
Interessante	Interesant
Naturale	Firesc
Normale	Normal
Nuovo	Nou
Orgoglioso	Mândru
Produttivo	Productiv
Puro	Pur
Responsabile	Responsabil
Salato	Sărat
Sano	Sănătos

Animali Domestici
Animale de Companie

Acqua	Apă
Artigli	Gheare
Cane	Câine
Capra	Capră
Cibo	Alimente
Coda	Coadă
Collare	Guler
Coniglio	Iepure
Criceto	Hamster
Cucciolo	Căţeluş
Gattino	Pisoi
Gatto	Pisică
Guinzaglio	Lesă
Lucertola	Şopârlă
Mucca	Vacă
Pappagallo	Papagal
Pesce	Peşte
Topo	Şoarece
Veterinario	Veterinar
Zampe	Labe

Antartide
Antarctica

Acqua	Apă
Ambiente	Mediu
Baia	Golf
Balene	Balene
Conservazione	Conservare
Continente	Continent
Geografia	Geografie
Ghiacciai	Gheţari
Ghiaccio	Gheaţă
Isole	Insule
Migrazione	Migraţie
Minerali	Minerale
Nuvole	Nori
Penisola	Peninsulă
Ricercatore	Cercetător
Roccioso	Stâncos
Scientifico	Ştiinţific
Spedizione	Expediţie
Temperatura	Temperatura
Topografia	Topografie

Api
Albinele

Ali	Aripi
Alveare	Stup
Benefico	Benefic
Cera	Ceară
Cibo	Alimente
Diversità	Diversitate
Ecosistema	Ecosistem
Fiori	Flori
Frutta	Fruct
Fumo	Fum
Giardino	Grădină
Habitat	Habitat
Insetto	Insectă
Miele	Miere
Piante	Plante
Polline	Polen
Regina	Regină
Sciame	Roi
Sole	Soare

Arrampicata
Alpinism

Altitudine	Altitudine
Atmosfera	Atmosferă
Casco	Cască
Curiosità	Curiozitate
Escursioni	Drumeții
Esperto	Expert
Fisico	Fizic
Formazione	Formare
Forza	Tărie
Grotta	Peșteră
Guanti	Mănuși
Guide	Ghiduri
Mappa	Hartă
Sfide	Provocări
Stabilità	Stabilitate
Stivali	Cizme
Stretto	Îngust
Terreno	Teren

Arte
Arta

Ceramica	Ceramică
Complesso	Complex
Composizione	Compoziție
Creare	Crea
Espressione	Expresie
Ispirato	Inspirat
Onesto	Sincer
Originale	Original
Personale	Personal
Poesia	Poezie
Ritrarre	Portret
Scultura	Sculptură
Semplice	Simplu
Simbolo	Simbol
Soggetto	Subiect
Surrealismo	Suprarealism
Umore	Dispoziție
Visivo	Vizual

Arti Visive
Arte Vizuale

Architettura	Arhitectură
Argilla	Argilă
Artista	Artist
Capolavoro	Capodoperă
Carbone	Cărbune
Cavalletto	Șevalet
Cera	Ceară
Ceramica	Ceramică
Composizione	Compoziție
Creatività	Creativitate
Film	Film
Fotografia	Fotografie
Gesso	Cretă
Matita	Creion
Penna	Pix
Pittura	Pictura
Prospettiva	Perspectivă
Ritratto	Portret
Scultura	Sculptură
Vernice	Lac

Astronomia
Astronomie

Asteroide	Asteroid
Astronauta	Astronaut
Astronomo	Astronom
Cielo	Cer
Cosmo	Cosmos
Costellazione	Constelație
Equinozio	Echinocțiu
Galassia	Galaxie
Gravità	Gravitație
Luna	Luna
Meteora	Meteor
Nebulosa	Nebuloasă
Osservatorio	Observator
Pianeta	Planetă
Radiazione	Radiație
Razzo	Rachetă
Supernova	Supernovă
Telescopio	Telescop
Terra	Pământ
Universo	Univers

Attività
Activități

Abilità	Îndemânare
Arte	Artă
Artigianato	Meșteșuguri
Attività	Activitate
Caccia	Vânătoare
Campeggio	Camping
Ceramica	Ceramică
Cucire	Cusut
Danza	Dans
Escursioni	Drumeții
Fotografia	Fotografie
Giardinaggio	Grădinărit
Giochi	Jocuri
Lettura	Lectură
Magia	Magie
Pesca	Pescuit
Piacere	Plăcere
Puzzle	Puzzle
Rilassamento	Relaxare
Tempo Libero	Timp Liber

Attività e Tempo Libero
Activități și Timp Liber

Arte	Artă
Baseball	Baseball
Basket	Baschet
Boxe	Box
Calcio	Fotbal
Campeggio	Camping
Escursioni	Drumeții
Giardinaggio	Grădinărit
Golf	Golf
Immersione	Scufundări
Nuoto	Înot
Pallavolo	Volei
Pesca	Pescuit
Pittura	Pictura
Rilassante	Relaxant
Shopping	Cumpărături
Surf	Surfing
Tennis	Tenis
Viaggio	Călătorie

Avventura
Aventuri

Amici	Prieteni
Attività	Activitate
Bellezza	Frumusețe
Coraggio	Curaj
Destinazione	Destinație
Difficoltà	Dificultate
Entusiasmo	Entuziasm
Escursione	Excursie
Gioia	Bucurie
Insolito	Neobișnuit
Itinerario	Itinerar
Natura	Natură
Navigazione	Navigare
Nuovo	Nou
Opportunità	Oportunitate
Pericoloso	Periculos
Preparazione	Pregătirea
Sfide	Provocări
Sicurezza	Siguranță
Viaggi	Călătorii

Balletto
Balet

Abilità	Îndemânare
Applauso	Aplauze
Artistico	Artistic
Ballerina	Balerină
Ballerini	Dansatori
Compositore	Compozitor
Coreografia	Coregrafie
Espressivo	Expresiv
Gesto	Gest
Grazioso	Grațios
Intensità	Intensitate
Muscoli	Mușchi
Musica	Muzică
Orchestra	Orchestră
Pratica	Practică
Prova	Repetiție
Pubblico	Public
Ritmo	Ritm
Stile	Stil
Tecnica	Tehnică

Barbecue
Grătare

Caldo	Fierbinte
Cena	Cina
Cibo	Alimente
Cipolle	Ceapă
Coltelli	Cuțite
Estate	Vară
Fame	Foame
Famiglia	Familie
Frutta	Fruct
Giochi	Jocuri
Griglia	Grătar
Insalate	Salate
Invito	Invitație
Musica	Muzică
Pepe	Piper
Pollo	Pui
Pomodori	Rosii
Pranzo	Prânz
Sale	Sare
Salsa	Sos

Campeggio
Camping

Alberi	Copaci
Amaca	Hamac
Animali	Animale
Avventura	Aventură
Bussola	Busolă
Cabina	Cabină
Caccia	Vânătoare
Canoa	Canoe
Cappello	Pălărie
Corda	Frânghie
Divertimento	Distracție
Foresta	Pădure
Fuoco	Foc
Insetto	Insectă
Lago	Lac
Luna	Luna
Mappa	Hartă
Montagna	Munte
Natura	Natură
Tenda	Cort

Casa
Casa

Attico	Mansardă
Biblioteca	Bibliotecă
Camera	Cameră
Camino	Vatră
Cucina	Bucătărie
Doccia	Duș
Finestra	Fereastră
Garage	Garaj
Giardino	Grădină
Lampada	Lampă
Parete	Perete
Pavimento	Podea
Porta	Ușă
Recinto	Gard
Rubinetto	Robinet
Scopa	Mătură
Soffitto	Tavan
Specchio	Oglindă
Tappeto	Covor
Tetto	Acoperiș

Castelli
Castele

Armatura	Armură
Catapulta	Catapultă
Cavaliere	Cavaler
Cavallo	Cal
Corona	Coroană
Dinastia	Dinastie
Drago	Balaur
Feudale	Feudal
Fortezza	Fortăreață
Impero	Imperiu
Nobile	Nobil
Palazzo	Palat
Parete	Perete
Principe	Prinț
Principessa	Prințesă
Regno	Regat
Scudo	Scut
Spada	Sabie
Torre	Turn
Unicorno	Unicorn

Cibo #1
Alimente #1

Aglio	Usturoi
Basilico	Busuioc
Cannella	Scorțișoară
Carne	Carne
Carota	Morcov
Cipolla	Ceapă
Fragola	Căpșună
Insalata	Salată
Latte	Lapte
Limone	Lămâie
Menta	Mentă
Orzo	Orz
Pera	Pară
Rapa	Nap
Sale	Sare
Spinaci	Spanac
Succo	Suc
Tonno	Ton
Torta	Tort
Zucchero	Zahăr

Cibo #2
Alimente #2

Banana	Banană
Broccolo	Broccoli
Ciliegia	Cireașă
Cioccolato	Ciocolată
Formaggio	Brânză
Fungo	Ciupercă
Grano	Grâu
Kiwi	Kiwi
Mela	Măr
Melanzana	Vânătă
Pane	Pâine
Pesce	Peşte
Pollo	Pui
Pomodoro	Roșie
Prosciutto	Şuncă
Riso	Orez
Sedano	Țelină
Uovo	Ou
Uva	Struguri
Yogurt	Iaurt

Cioccolato
Ciocolată

Amaro	Amar
Antiossidante	Antioxidant
Arachidi	Arahide
Brama	Pofta
Cacao	Cacao
Calorie	Calorii
Caramella	Bomboane
Caramello	Caramel
Delizioso	Delicios
Dolce	Dulce
Esotico	Exotic
Gusto	Gust
Gusto	Aromă
Ingrediente	Ingredient
Noce di Cocco	Nucă de Cocos
Preferito	Favorit
Qualità	Calitate
Ricetta	Rețetă
Zucchero	Zahăr

Circo
Circ

Acrobata	Acrobat
Animali	Animale
Biglietto	Bilet
Caramella	Bomboane
Clown	Clovn
Costume	Costum
Elefante	Elefant
Giocoliere	Jongler
Leone	Leu
Magia	Magie
Mago	Magician
Musica	Muzică
Palloncini	Baloane
Parata	Paradă
Scimmia	Maimuță
Spettacolare	Spectaculos
Spettatore	Spectator
Tenda	Cort
Tigre	Tigru
Trucco	Truc

Città
Oraș

Aeroporto	Aeroport
Banca	Bancă
Biblioteca	Bibliotecă
Cinema	Cinema
Clinica	Clinica
Farmacia	Farmacie
Fiorista	Florar
Galleria	Galerie
Hotel	Hotel
Libreria	Librărie
Mercato	Piață
Museo	Muzeu
Negozio	Magazin
Panetteria	Brutărie
Ristorante	Restaurant
Scuola	Școală
Stadio	Stadion
Supermercato	Supermarket
Teatro	Teatru
Università	Universitate

Colori
Culori

Arancia	Portocaliu
Azzurro	Azur
Beige	Bej
Bianco	Alb
Blu	Albastru
Ciano	Cyan
Cremisi	Crimson
Fucsia	Fucsie
Giallo	Galben
Grigio	Gri
Indaco	Indigo
Magenta	Magenta
Marrone	Maro
Nero	Negru
Rosa	Roz
Rosso	Roșu
Seppia	Sepia
Verde	Verde
Viola	Violet

Commedia
Comedie

Applauso	Aplauze
Attore	Actor
Attrice	Actriță
Clown	Clovni
Divertente	Amuzant
Divertimento	Distracție
Espressivo	Expresiv
Genere	Gen
Improvvisazione	Improvizație
Intelligente	Inteligent
Parodia	Parodie
Pubblico	Public
Risata	Râs
Scherzi	Glume
Teatro	Teatru
Televisione	Televiziune
Umorismo	Umor

Compleanno
Ziua de Nastere

Amici	Prieteni
Anno	An
Calendario	Calendar
Candele	Lumânări
Canzone	Cântec
Carte	Carduri
Celebrazione	Celebrare
Divertimento	Distracție
Felice	Fericit
Gioioso	Vesel
Giorno	Zi
Giovane	Tineri
Inviti	Invitații
Nato	Născut
Regalo	Cadou
Ricordi	Amintiri
Saggezza	Înțelepciune
Speciale	Special
Tempo	Timp
Torta	Tort

Conservazione
Conservare

Acqua	Apă
Ambientale	Mediu
Cambiamenti	Modificări
Ciclo	Ciclu
Clima	Climat
Ecosistema	Ecosistem
Educazione	Educație
Habitat	Habitat
Inquinamento	Poluare
Naturale	Firesc
Organico	Organic
Pesticida	Pesticid
Riciclare	Reciclare
Ridurre	Reduce
Salute	Sănătate
Sostenibile	Durabilă
Verde	Verde
Volontario	Voluntar

Corpo Umano
Corpul Uman

Bocca	Gură
Caviglia	Gleznă
Cervello	Creier
Collo	Gât
Cuore	Inimă
Dito	Deget
Faccia	Față
Gamba	Picior
Ginocchio	Genunchi
Gomito	Cot
Mano	Mână
Mento	Bărbie
Naso	Nas
Occhio	Ochi
Orecchio	Ureche
Pelle	Piele
Sangue	Sânge
Spalla	Umăr
Stomaco	Stomac
Testa	Cap

Cucina
Bucătărie

Bacchette	Bețișoare
Bollitore	Ceainic
Brocca	Ulcior
Cibo	Alimente
Ciotola	Castron
Coltelli	Cuțite
Congelatore	Congelator
Cucchiai	Linguri
Forchette	Furci
Forno	Cuptor
Frigorifero	Frigider
Grembiule	Șorț
Griglia	Grătar
Mestolo	Polonic
Ricetta	Rețetă
Spezie	Condimente
Spugna	Burete
Tazze	Cupe
Tovagliolo	Șervețel
Vaso	Borcan

Danza
Dance

Accademia	Academie
Arte	Artă
Classico	Clasic
Compagno	Partener
Coreografia	Coregrafie
Corpo	Corp
Cultura	Cultură
Culturale	Cultural
Emozione	Emoţie
Espressivo	Expresiv
Gioioso	Vesel
Grazia	Graţie
Movimento	Mişcare
Musica	Muzică
Postura	Postură
Prova	Repetiţie
Ritmo	Ritm
Tradizionale	Tradiţional
Visivo	Vizual

Dinosauri
Dinozaurii

Ali	Aripi
Carnivoro	Carnivor
Coda	Coadă
Enorme	Enorm
Erbivoro	Erbivor
Evoluzione	Evoluţie
Fossili	Fosile
Grande	Mare
Mammut	Mamut
Onnivoro	Omnivor
Potente	Puternic
Preda	Pradă
Preistorico	Preistoric
Rapace	Raptor
Rettile	Reptilă
Scomparsa	Dispariţie
Specie	Specie
Taglia	Mărimea
Terra	Pământ
Vizioso	Vicios

Discipline Scientifiche
Disciplinele Ştiinţifice

Anatomia	Anatomie
Archeologia	Arheologie
Astronomia	Astronomie
Biochimica	Biochimie
Biologia	Biologie
Botanica	Botanică
Chimica	Chimie
Ecologia	Ecologie
Fisiologia	Fiziologie
Geologia	Geologie
Immunologia	Imunologie
Linguistica	Lingvistică
Meccanica	Mecanica
Meteorologia	Meteorologie
Mineralogia	Mineralogie
Neurologia	Neurologie
Psicologia	Psihologie
Sociologia	Sociologie
Termodinamica	Termodinamică
Zoologia	Zoologie

Ecologia
Ecologie

Clima	Climat
Comunità	Comunităţi
Diversità	Diversitate
Fauna	Faună
Flora	Floră
Globale	Global
Habitat	Habitat
Marino	Marin
Natura	Natură
Naturale	Firesc
Palude	Mlaştină
Piante	Plante
Risorse	Resurse
Siccità	Secetă
Sopravvivenza	Supravieţuire
Sostenibile	Durabilă
Specie	Specie
Varietà	Varietate
Vegetazione	Vegetaţie
Volontari	Voluntari

Edifici
Constructii

Ambasciata	Ambasadă
Appartamento	Apartament
Cabina	Cabină
Castello	Castel
Cinema	Cinema
Fabbrica	Fabrică
Fienile	Hambar
Hotel	Hotel
Laboratorio	Laborator
Museo	Muzeu
Ospedale	Spital
Osservatorio	Observator
Ostello	Pensiune
Scuola	Şcoală
Stadio	Stadion
Supermercato	Supermarket
Teatro	Teatru
Tenda	Cort
Torre	Turn
Università	Universitate

Emozioni
Emoţii

Amore	Dragoste
Beatitudine	Fericire
Calma	Calm
Contenuto	Conţinut
Eccitato	Excitat
Gentilezza	Bunătate
Gioia	Bucurie
Grato	Recunoscător
Imbarazzato	Jenat
Noia	Plictiseală
Pace	Pace
Paura	Frică
Rabbia	Furie
Rilassato	Relaxat
Simpatia	Simpatie
Soddisfatto	Satisfăcut
Sorpresa	Surpriză
Tenerezza	Sensibilitate
Tranquillità	Linişte
Tristezza	Tristeţe

Erboristeria
Plante Medicinale

Aglio	Usturoi
Aneto	Mărar
Aromatico	Aromat
Basilico	Busuioc
Culinario	Culinar
Dragoncello	Tarhon
Finocchio	Fenicul
Fiore	Floare
Giardino	Grădină
Ingrediente	Ingredient
Lavanda	Lavandă
Maggiorana	Maghiran
Menta	Mentă
Origano	Oregano
Prezzemolo	Pătrunjel
Qualità	Calitate
Rosmarino	Rozmarin
Timo	Cimbru
Verde	Verde
Zafferano	Șofran

Escursionismo
Drumeții

Acqua	Apă
Animali	Animale
Campeggio	Camping
Clima	Climat
Guide	Ghiduri
Mappa	Hartă
Montagna	Munte
Natura	Natură
Orientamento	Orientare
Parchi	Parcuri
Pericoli	Pericole
Pesante	Greu
Pietre	Pietre
Preparazione	Pregătirea
Scogliera	Stâncă
Selvaggio	Sălbatic
Sole	Soare
Stanco	Obosit
Stivali	Cizme
Vertice	Summit

Esplorazione
Explorare

Animali	Animale
Attività	Activitate
Coraggio	Curaj
Culture	Culturi
Determinazione	Determinare
Eccitazione	Emoție
Esaurimento	Epuizare
Lingua	Limba
Nuovo	Nou
Pericoli	Pericole
Pericoloso	Periculos
Ricerca	Quest
Sconosciuto	Necunoscut
Scoperta	Descoperire
Selvaggio	Sălbatic
Spazio	Spațiu
Terreno	Teren
Viaggio	Călătorie

Estate
Vara

Amici	Prieteni
Campeggio	Camping
Casa	Acasă
Cibo	Alimente
Famiglia	Familie
Giardino	Grădină
Giochi	Jocuri
Gioia	Bucurie
Immersione	Scufundări
Libri	Cărți
Mare	Mare
Musica	Muzică
Ricordi	Amintiri
Rilassamento	Relaxare
Sandali	Sandale
Spiaggia	Plajă
Stelle	Stele
Tempo Libero	Timp Liber
Vacanza	Vacanță
Viaggio	Călătorie

Famiglia
Familie

Antenato	Strămoș
Bambino	Copil
Cugino	Văr
Figlia	Fiica
Fratello	Frate
Infanzia	Copilărie
Madre	Mamă
Marito	Soțul
Materno	Matern
Moglie	Soție
Nipote	Nepot
Nipote	Nepoată
Nipote	Nepot
Nonna	Bunica
Nonno	Bunic
Padre	Tată
Paterno	Patern
Sorella	Sora
Zia	Mătușă
Zio	Unchi

Fantascienza
Operă Științifico-Fantas

Atomico	Atomic
Cinema	Cinema
Distopia	Distopie
Esplosione	Explozie
Estremo	Extrem
Fantastico	Fantastic
Fuoco	Foc
Futuristico	Futurist
Galassia	Galaxie
Illusione	Iluzie
Immaginario	Imaginar
Libri	Cărți
Misterioso	Misterios
Mondo	Lume
Oracolo	Oracol
Pianeta	Planetă
Realistico	Realist
Robot	Roboți
Tecnologia	Tehnologie
Utopia	Utopie

Fattoria #1
Ferma # 1

Acqua	Apă
Agricoltura	Agricultură
Ape	Albină
Asino	Măgar
Campo	Câmp
Cane	Câine
Capra	Capră
Cavallo	Cal
Fertilizzante	Îngrășământ
Fieno	Fân
Gatto	Pisică
Gregge	Turmă
Maiale	Porc
Miele	Miere
Mucca	Vacă
Pollo	Pui
Recinto	Gard
Riso	Orez
Semi	Semințe
Vitello	Vițel

Fattoria #2
Ferma # 2

Agnello	Miel
Agricoltore	Fermier
Alveare	Stup
Anatra	Rață
Animali	Animale
Cibo	Alimente
Fienile	Hambar
Frutta	Fruct
Frutteto	Livadă
Grano	Grâu
Irrigazione	Irigare
Lama	Lamă
Latte	Lapte
Mais	Porumb
Oche	Gâște
Orzo	Orz
Pastore	Păstor
Pecora	Oaie
Prato	Luncă
Trattore	Tractor

Fiori
Flori

Dente di Leone	Păpădie
Gardenia	Gardenie
Gelsomino	Iasomie
Giglio	Crin
Ibisco	Hibiscus
Lavanda	Lavandă
Lilla	Liliac
Magnolia	Magnolie
Margherita	Margaretă
Mazzo	Buchet
Narciso	Narcisă
Orchidea	Orhidee
Papavero	Mac
Peonia	Bujor
Petalo	Petală
Plumeria	Plumeria
Rosa	Trandafir
Trifoglio	Trifoi
Tulipano	Lalea

Foresta Pluviale
Pădurea Tropicală

Anfibi	Amfibieni
Botanico	Botanic
Clima	Climat
Comunità	Comunitate
Diversità	Diversitate
Giungla	Junglă
Indigeno	Indigene
Insetti	Insecte
Mammiferi	Mamifere
Muschio	Mușchi
Natura	Natură
Nuvole	Nori
Preservazione	Conservare
Prezioso	Valoros
Restauro	Restaurare
Rifugio	Refugiu
Rispetto	Respect
Sopravvivenza	Supraviețuire
Specie	Specie
Uccelli	Păsări

Forme
Forme

Angolo	Colț
Arco	Arc
Bordi	Margini
Cerchio	Cerc
Cilindro	Cilindru
Cono	Con
Cubo	Cub
Curva	Curbă
Ellisse	Elipsă
Iperbole	Hiperbolă
Lato	Parte
Linea	Linia
Ovale	Oval
Piramide	Piramidă
Poligono	Poligon
Prisma	Prismă
Quadrato	Pătrat
Rettangolo	Dreptunghi
Sfera	Sferă
Triangolo	Triunghi

Forniture Artistiche
Materiale de Artă

Acqua	Apă
Acquerelli	Acuarele
Acrilico	Acrilic
Argilla	Lut
Carbone	Cărbune
Carta	Hârtie
Cavalletto	Șevalet
Colla	Lipici
Colori	Culori
Creatività	Creativitate
Gomma	Radieră
Idee	Idei
Inchiostro	Cerneală
Matite	Creioane
Olio	Ulei
Pastelli	Pasteluri
Sedia	Scaun
Spazzole	Perii
Tavolo	Tabel
Telecamera	Aparat Foto

Frutta
Fructe

Albicocca	Caisă
Ananas	Ananas
Arancia	Portocaliu
Avocado	Avocado
Bacca	Bacă
Banana	Banană
Ciliegia	Cireașă
Kiwi	Kiwi
Lampone	Zmeură
Limone	Lămâie
Mango	Mango
Mela	Măr
Melone	Pepene
Mora	Mure
Nettarina	Nectarină
Papaia	Papaya
Pera	Pară
Pesca	Piersică
Prugna	Prună
Uva	Struguri

Gatti
Pisicile

Affettuoso	Afectuos
Artiglio	Gheară
Cacciatore	Vânător
Coda	Coadă
Curioso	Curios
Divertente	Amuzant
Dormire	Somn
Filo	Fire
Giocoso	Jucăuș
Indipendente	Independent
Pazzo	Nebun
Pelliccia	Blană
Personalità	Personalitate
Poco	Mic
Selvaggio	Sălbatic
Timido	Timid
Topo	Șoarece
Veloce	Rapid
Zampa	Laba

Gentilezza
Bunătate

Affettuoso	Afectuos
Affidabile	De Încredere
Amichevole	Prietenos
Amorevole	Iubitor
Attento	Atent
Compassionevole	Compasiune
Comprensione	Înțelegere
Dolce	Blând
Felice	Fericit
Generoso	Generos
Genuino	Autentic
Onesto	Sincer
Ospitale	Ospitalier
Paziente	Pacient
Ricettivo	Receptiv
Rispettoso	Respectuos
Tollerante	Tolerant
Utile	Util

Geografia
Geografie

Altitudine	Altitudine
Atlante	Atlas
Città	Oraș
Continente	Continent
Emisfero	Emisferă
Fiume	Râu
Isola	Insulă
Latitudine	Latitudine
Longitudine	Longitudine
Mappa	Hartă
Mare	Mare
Meridiano	Meridian
Mondo	Lume
Montagna	Munte
Nord	Nord
Ovest	Vest
Paese	Țară
Regione	Regiune
Sud	Sud
Territorio	Teritoriu

Geologia
Geologie

Acido	Acid
Altopiano	Platou
Calcio	Calciu
Caverna	Cavernă
Continente	Continent
Corallo	Coral
Cristalli	Cristale
Erosione	Eroziune
Fossile	Fosil
Geyser	Gheizer
Lava	Lavă
Minerali	Minerale
Pietra	Piatră
Quarzo	Cuarț
Sale	Sare
Stalagmiti	Stalagmite
Stalattite	Stalactit
Strato	Strat
Terremoto	Cutremur
Vulcano	Vulcan

Giardino
Grădină

Albero	Copac
Amaca	Hamac
Cespuglio	Tufiș
Erba	Iarbă
Erbacce	Buruieni
Fiore	Floare
Frutteto	Livadă
Garage	Garaj
Giardino	Grădină
Pala	Lopată
Panca	Bancă
Portico	Verandă
Prato	Gazon
Rastrello	Greblă
Recinto	Gard
Stagno	Iaz
Suolo	Sol
Terrazza	Terasă
Trampolino	Trambulină
Tubo	Furtun

Giocattoli
Jucării

Aereo	Avion
Aquilone	Zmeu
Argilla	Lut
Artigianato	Meșteșuguri
Auto	Mașină
Bambola	Păpușă
Barca	Barcă
Batteria	Tobe
Bicicletta	Bicicletă
Camion	Camion
Giochi	Jocuri
Immaginazione	Imaginație
Libri	Cărți
Palla	Minge
Preferito	Favorit
Puzzle	Puzzle
Robot	Robot
Scacchi	Șah
Treno	Tren
Vernici	Vopsele

Giorni e Mesi
Zile și Lunile

Agosto	August
Anno	An
Aprile	Aprilie
Calendario	Calendar
Dicembre	Decembrie
Domenica	Duminică
Febbraio	Februarie
Gennaio	Ianuarie
Giugno	Iunie
Luglio	Iulie
Lunedì	Luni
Martedì	Marți
Mercoledì	Miercuri
Mese	Lună
Novembre	Noiembrie
Ottobre	Octombrie
Sabato	Sâmbătă
Settembre	Septembrie
Settimana	Săptămână
Venerdì	Vineri

Guida
Conducere

Auto	Mașină
Autobus	Autobuz
Carburante	Combustibil
Freni	Frâne
Garage	Garaj
Gas	Gaz
Incidente	Accident
Licenza	Licență
Mappa	Hartă
Moto	Motocicletă
Motore	Motor
Pedonale	Pieton
Pericolo	Pericol
Polizia	Politie
Sicurezza	Siguranță
Strada	Drum
Traffico	Trafic
Trasporto	Transport
Tunnel	Tunel
Velocità	Viteză

Imbarcazioni
Barci

Albero	Catarg
Ancora	Ancoră
Boa	Geamandură
Canoa	Canoe
Corda	Frânghie
Equipaggio	Echipaj
Fiume	Râu
Kayak	Caiac
Lago	Lac
Mare	Mare
Marea	Maree
Marinaio	Marinar
Marittimo	Maritim
Motore	Motor
Nautico	Nautic
Oceano	Ocean
Onde	Valuri
Traghetto	Bac
Yacht	Iaht
Zattera	Plută

Insetti
Insectele

Afide	Afidă
Ape	Albină
Cavalletta	Lăcustă
Cicala	Greier
Coccinella	Gărgăriță
Falena	Molie
Farfalla	Fluture
Formica	Furnică
Larva	Larvă
Libellula	Libelulă
Locusta	Salcâm
Mantide	Mantis
Pulce	Purici
Scarafaggio	Gândac
Termite	Termită
Verme	Vierme
Vespa	Viespe
Zanzara	Țânțar

Letteratura
Literatură

Analisi	Analiză
Analogia	Analogie
Aneddoto	Anecdotă
Autore	Autor
Biografia	Biografie
Conclusione	Concluzie
Confronto	Comparație
Descrizione	Descriere
Dialogo	Dialog
Genere	Gen
Metafora	Metaforă
Opinione	Opinie
Poesia	Poem
Poetico	Poetic
Rima	Rimă
Ritmo	Ritm
Romanzo	Roman
Stile	Stil
Tema	Temă
Tragedia	Tragedie

Libri
Cărți

Autore	Autor
Avventura	Aventură
Collezione	Colecție
Contesto	Context
Dualità	Dualitate
Epico	Epic
Inventivo	Inventiv
Letterario	Literar
Lettore	Cititor
Narratore	Narator
Pagina	Pagină
Poesia	Poezie
Rilevante	Relevant
Romanzo	Roman
Scritto	Scris
Serie	Serie
Storia	Poveste
Storico	Istoric
Tragico	Tragic
Umoristico	Plin de Umor

Mammiferi
Mamiferele

Italiano	Română
Balena	Balenă
Cane	Câine
Canguro	Cangur
Cavallo	Cal
Cervo	Cerb
Coniglio	Iepure
Coyote	Coiot
Delfino	Delfin
Elefante	Elefant
Gatto	Pisică
Giraffa	Girafă
Gorilla	Gorilă
Leone	Leu
Lupo	Lup
Orso	Urs
Pecora	Oaie
Scimmia	Maimuță
Toro	Taur
Volpe	Vulpe
Zebra	Zebră

Matematica
Matematică

Italiano	Română
Angoli	Unghiuri
Aritmetica	Aritmetică
Circonferenza	Circumferință
Decimale	Zecimal
Diametro	Diametru
Equazione	Ecuație
Esponente	Exponent
Frazione	Fracțiune
Geometria	Geometrie
Parallelo	Paralel
Parallelogramma	Paralelogram
Perimetro	Perimetru
Poligono	Poligon
Quadrato	Pătrat
Raggio	Rază
Rettangolo	Dreptunghi
Simmetria	Simetrie
Somma	Sumă
Triangolo	Triunghi
Volume	Volum

Meditazione
Meditație

Italiano	Română
Accettazione	Acceptare
Attenzione	Atenție
Calma	Calm
Chiarezza	Claritate
Compassione	Compasiune
Emozioni	Emoții
Gentilezza	Bunătate
Gratitudine	Recunoștință
Mentale	Mental
Mente	Minte
Movimento	Mișcare
Musica	Muzică
Natura	Natură
Osservazione	Observare
Pace	Pace
Pensieri	Gânduri
Postura	Postură
Prospettiva	Perspectivă
Respirazione	Respirație
Silenzio	Tăcere

Meteo
Vremea

Italiano	Română
Arcobaleno	Curcubeu
Asciutto	Uscat
Atmosfera	Atmosferă
Brezza	Briză
Cielo	Cer
Clima	Climat
Fulmine	Fulger
Ghiaccio	Gheață
Monsone	Muson
Nebbia	Ceață
Nube	Nor
Polare	Polar
Siccità	Secetă
Temperatura	Temperatura
Tempesta	Furtună
Tornado	Tornadă
Tropicale	Tropicale
Tuono	Tunet
Uragano	Uragan
Vento	Vânt

Misurazioni
Măsurătorile

Italiano	Română
Altezza	Înălțime
Byte	Byte
Centimetro	Centimetru
Chilogrammo	Kilogram
Chilometro	Kilometru
Decimale	Zecimal
Grado	Grad
Grammo	Gram
Larghezza	Lățime
Litro	Litru
Lunghezza	Lungime
Metro	Metru
Minuto	Minut
Oncia	Uncie
Peso	Greutate
Pinta	Halbă
Pollice	Inch
Profondità	Adâncime
Tonnellata	Tonă
Volume	Volum

Mitologia
Mitologie

Archetipo	Arhetip
Comportamento	Comportament
Creatura	Făptură
Creazione	Creare
Cultura	Cultură
Disastro	Dezastru
Divinità	Zeităţi
Eroe	Erou
Forza	Tărie
Fulmine	Fulger
Gelosia	Gelozie
Guerriero	Războinic
Immortalità	Nemurire
Labirinto	Labirint
Leggenda	Legendă
Magico	Magic
Mortale	Muritor
Mostro	Monstru
Tuono	Tunet
Vendetta	Răzbunare

Mobili
Mobilier

Italiano	Română
Amaca	Hamac
Cuscini	Perne
Cuscino	Pernă
Divano	Canapea
Futon	Futon
Lampada	Lampă
Letto	Pat
Libreria	Bibliotecă
Materasso	Saltea
Panca	Bancă
Poltrona	Fotoliu
Scaffali	Rafturi
Scrivania	Birou
Sedia	Scaun
Specchio	Oglindă
Tappeto	Covor
Tende	Perdele

Natura
Natura

Italiano	Română
Animali	Animale
Api	Albine
Artico	Arctic
Bellezza	Frumuseţe
Deserto	Deşert
Dinamico	Dinamic
Erosione	Eroziune
Fiume	Râu
Fogliame	Frunze
Foresta	Pădure
Ghiacciaio	Gheţar
Nebbia	Ceaţă
Nuvole	Nori
Rifugio	Adăpost
Santuario	Sanctuar
Scogliere	Stânci
Selvaggio	Sălbatic
Sereno	Senin
Tropicale	Tropical
Vitale	Vital

Numeri
Numerele

Italiano	Română
Cinque	Cinci
Decimale	Zecimal
Diciannove	Nouăsprezece
Diciassette	Şaptesprezece
Diciotto	Optsprezece
Dieci	Zece
Dodici	Doisprezece
Due	Doi
Nove	Nouă
Otto	Opt
Quattordici	Paisprezece
Quattro	Patru
Quindici	Cincisprezece
Sedici	Şaisprezece
Sei	Şase
Sette	Şapte
Tre	Trei
Tredici	Treisprezece
Venti	Douăzeci
Zero	Zero

Nutrizione
Alimentaţie

Italiano	Română
Amaro	Amar
Appetito	Apetit
Bilanciato	Echilibrat
Calorie	Calorii
Carboidrati	Glucide
Commestibile	Comestibil
Dieta	Dietă
Digestione	Digestie
Fermentazione	Fermentaţie
Liquidi	Lichide
Nutriente	Nutrient
Peso	Greutate
Proteine	Proteine
Qualità	Calitate
Salsa	Sos
Salute	Sănătate
Sano	Sănătos
Spezie	Condimente
Tossina	Toxină
Vitamina	Vitamină

Oceano
Ocean

Italiano	Română
Alghe	Alge
Anguilla	Anghilă
Balena	Balenă
Barca	Barcă
Corallo	Coral
Delfino	Delfin
Gamberetto	Crevetă
Granchio	Crab
Maree	Maree
Medusa	Meduze
Onde	Valuri
Ostrica	Stridie
Pesce	Peşte
Polpo	Caracatiţă
Sale	Sare
Scogliera	Recif
Spugna	Burete
Squalo	Rechin
Tempesta	Furtună
Tonno	Ton

Paesaggi
Peisaje

Cascata	Cascadă
Collina	Deal
Deserto	Deșert
Fiume	Râu
Geyser	Gheizer
Ghiacciaio	Ghețar
Grotta	Peșteră
Iceberg	Aisberg
Isola	Insulă
Lago	Lac
Mare	Mare
Montagna	Munte
Oasi	Oază
Oceano	Ocean
Palude	Mlaștină
Penisola	Peninsulă
Spiaggia	Plajă
Tundra	Tundră
Valle	Vale
Vulcano	Vulcan

Paesi #2
Țările #2

Albania	Albania
Danimarca	Danemarca
Etiopia	Etiopia
Giamaica	Jamaica
Giappone	Japonia
Grecia	Grecia
Haiti	Haiti
Indonesia	Indonezia
Irlanda	Irlanda
Laos	Laos
Liberia	Liberia
Messico	Mexic
Nepal	Nepal
Nigeria	Nigeria
Pakistan	Pakistan
Russia	Rusia
Siria	Siria
Sudan	Sudan
Ucraina	Ucraina
Uganda	Uganda

Pesca
Pescuit

Acqua	Apă
Attrezzatura	Echipament
Barca	Barcă
Branchie	Branhii
Cesto	Coș
Cucinare	Bucătar
Esagerazione	Exagerare
Esca	Momeală
Filo	Sârmă
Fiume	Râu
Gancio	Cârlig
Lago	Lac
Mascella	Falcă
Oceano	Ocean
Pazienza	Răbdare
Peso	Greutate
Pinne	Aripioare
Spiaggia	Plajă
Stagione	Sezon

Piante
Plante

Albero	Copac
Bacca	Bacă
Bambù	Bambus
Botanica	Botanică
Cactus	Cactus
Cespuglio	Tufiș
Crescere	Crește
Edera	Iederă
Erba	Iarbă
Fagiolo	Fasole
Fertilizzante	Îngrășământ
Fiore	Floare
Flora	Floră
Fogliame	Frunze
Foresta	Pădure
Giardino	Grădină
Muschio	Mușchi
Petalo	Petală
Radice	Rădăcină
Vegetazione	Vegetație

Pirati
Piratii

Ancora	Ancoră
Avventura	Aventură
Bandiera	Drapel
Bussola	Busolă
Capitano	Căpitan
Cattivo	Rău
Cicatrice	Cicatrice
Equipaggio	Echipaj
Grotta	Peșteră
Isola	Insulă
Leggenda	Legendă
Mappa	Hartă
Monete	Monede
Oro	Aur
Pappagallo	Papagal
Pericolo	Pericol
Rum	Rom
Spada	Sabie
Spiaggia	Plajă
Tesoro	Comoară

Professioni #1
Profesiile #1

Allenatore	Antrenor
Ambasciatore	Ambasador
Artista	Artist
Astronomo	Astronom
Avvocato	Avocat
Ballerino	Dansator
Banchiere	Bancher
Cacciatore	Vânător
Cartografo	Cartograf
Editore	Editor
Farmacista	Farmacist
Geologo	Geolog
Gioielliere	Bijutier
Idraulico	Instalator
Marinaio	Marinar
Musicista	Muzician
Pianista	Pianist
Psicologo	Psiholog
Scienziato	Om de Știință
Veterinario	Veterinar

Professioni #2
Profesiile #2

Astronauta	Astronaut
Bibliotecario	Bibliotecar
Biologo	Biolog
Chirurgo	Chirurg
Dentista	Dentist
Filosofo	Filozof
Fotografo	Fotograf
Giardiniere	Grădinar
Giornalista	Jurnalist
Illustratore	Ilustrator
Ingegnere	Inginer
Insegnante	Profesor
Inventore	Inventator
Investigatore	Investigator
Linguista	Lingvist
Medico	Medic
Pilota	Pilot
Pittore	Pictor
Ricercatore	Cercetător
Zoologo	Zoolog

Riempire
Pentru a Umple

Bacino	Bazin
Barile	Butoi
Borsa	Sac
Bottiglia	Sticlă
Busta	Plic
Cartella	Dosar
Cassa	Ladă
Cassetto	Sertar
Cesto	Coş
Pacchetto	Pachet
Scatola	Cutie
Secchio	Găleată
Tasca	Buzunar
Tubo	Tub
Valigia	Valiză
Vasca	Cadă
Vaso	Vază
Vassoio	Tavă

Ristorante #1
Restaurantul #1

Allergia	Alergie
Caffè	Cafea
Cameriera	Chelneriţă
Carne	Carne
Cassiere	Casier
Cibo	Alimente
Ciotola	Castron
Coltello	Cuţit
Cucina	Bucătărie
Dessert	Desert
Ingredienti	Ingrediente
Menù	Meniu
Pane	Pâine
Piatto	Farfurie
Piccante	Picant
Pollo	Pui
Prenotazione	Rezervare
Salsa	Sos
Tovagliolo	Şerveţel

Ristorante #2
Restaurantul #2

Acqua	Apă
Aperitivo	Aperitiv
Bevanda	Băutură
Cameriere	Chelner
Cena	Cina
Cucchiaio	Lingură
Delizioso	Delicios
Forchetta	Furcă
Frutta	Fruct
Ghiaccio	Gheaţă
Insalata	Salată
Minestra	Supă
Pesce	Peşte
Pranzo	Prânz
Sale	Sare
Sedia	Scaun
Spezie	Condimente
Torta	Tort
Uova	Ouă
Verdure	Legume

Scacchi
Şah

Avversario	Adversar
Bianco	Alb
Campione	Campion
Concorso	Concurs
Diagonale	Diagonală
Giocatore	Jucător
Gioco	Joc
Intelligente	Inteligent
Nero	Negru
Passivo	Pasiv
Punti	Puncte
Re	Rege
Regina	Regină
Regole	Reguli
Sacrificio	Sacrificiu
Sfide	Provocări
Strategia	Strategie
Tempo	Timp
Torneo	Turneu

Scienza
Ştiinţă

Atomo	Atom
Chimico	Chimic
Clima	Climat
Dati	Date
Esperimento	Experiment
Evoluzione	Evoluţie
Fatto	Fapt
Fisica	Fizică
Fossile	Fosil
Gravità	Gravitaţie
Ipotesi	Ipoteză
Laboratorio	Laborator
Metodo	Metodă
Minerali	Minerale
Molecole	Molecule
Natura	Natură
Organismo	Organism
Osservazione	Observare
Particelle	Particule
Scienziato	Om de Ştiinţă

Scuola #1
Școală #1

Alfabeto	Alfabet
Amici	Prieteni
Aula	Clasă
Biblioteca	Bibliotecă
Carta	Hârtie
Cartelle	Dosare
Divertimento	Distracţie
Esami	Examene
Insegnante	Profesor
Libri	Cărţi
Marcatori	Markeri
Matematica	Matematică
Matita	Creion
Numeri	Numere
Penne	Stilouri
Pranzo	Prânz
Quiz	Test
Risposte	Răspunsuri
Scrivania	Birou
Sedia	Scaun

Scuola #2
Școală #2

Accademico	Academic
Autobus	Autobuz
Biblioteca	Bibliotecă
Calendario	Calendar
Carta	Hârtie
Computer	Calculator
Dizionario	Dicţionar
Educazione	Educaţie
Forbici	Foarfece
Giochi	Jocuri
Grammatica	Gramatică
Insegnante	Profesor
Letteratura	Literatură
Lettura	Lectură
Libri	Cărţi
Matematica	Matematică
Matita	Creion
Scarpe	Pantofi
Scienza	Știinţă
Zaino	Rucsac

Spezie
Condimente

Aglio	Usturoi
Amaro	Amar
Anice	Anason
Cannella	Scorţişoară
Cardamomo	Cardamom
Cipolla	Ceapă
Coriandolo	Coriandru
Cumino	Chimion
Curcuma	Curcumă
Curry	Curry
Dolce	Dulce
Finocchio	Fenicul
Liquirizia	Lemn Dulce
Noce Moscata	Nucşoară
Paprika	Paprika
Pepe	Piper
Sale	Sare
Vaniglia	Vanilie
Zafferano	Șofran
Zenzero	Ghimbir

Sport
Sport

Allenatore	Antrenor
Arbitro	Arbitru
Atleta	Atlet
Baseball	Baseball
Basket	Baschet
Bicicletta	Bicicletă
Campionato	Campionat
Ginnastica	Gimnastică
Giocatore	Jucător
Gioco	Joc
Golf	Golf
Hockey	Hochei
Movimento	Mişcare
Squadra	Echipă
Stadio	Stadion
Tennis	Tenis
Vincitore	Câştigător

Strumenti Musicali
Instrumente Muzicale

Armonica	Muzicuţă
Arpa	Harpă
Banjo	Banjo
Chitarra	Chitară
Clarinetto	Clarinet
Fagotto	Fagot
Flauto	Flaut
Gong	Gong
Mandolino	Mandolină
Marimba	Marimba
Oboe	Oboi
Percussione	Percuţie
Pianoforte	Pian
Sassofono	Saxofon
Tamburello	Tamburină
Tamburo	Tobă
Tromba	Trompetă
Trombone	Trombon
Violino	Vioară
Violoncello	Violoncel

Strumenti di Cottura
Instrumente de Gătit

Bollitore	Ceainic
Colino	Strecurătoare
Coltello	Cuţit
Coperchio	Capac
Cucchiaio	Lingură
Filtro	Filtru
Forbici	Foarfece
Forchetta	Furcă
Forno	Cuptor
Frigorifero	Frigider
Frullatore	Blender
Grattugia	Răzătoare
Posate	Tacâmuri
Spatola	Spatulă
Spremiagrumi	Storcător
Stufa	Sobă
Termometro	Termometru

Surf
Navigare

Atleta	Atlet
Campione	Campion
Divertimento	Distracție
Estremo	Extrem
Folla	Mulțimi
Forza	Tărie
Meteo	Vreme
Oceano	Ocean
Onda	Val
Pagaia	Paletă
Popolare	Popular
Principiante	Începător
Schiuma	Spumă
Scogliera	Recif
Spiaggia	Plajă
Spray	Spray
Stile	Stil
Stomaco	Stomac
Velocità	Viteză

Tecnologia
Tehnologie

Blog	Blog
Browser	Browser
Byte	Bytes
Computer	Calculator
Cursore	Cursor
Dati	Date
Digitale	Digital
File	Fişier
Font	Font
Internet	Internet
Messaggio	Mesaj
Ricerca	Cercetare
Schermo	Ecran
Sicurezza	Securitate
Software	Software
Statistiche	Statistici
Telecamera	Aparat Foto
Virtuale	Virtual
Virus	Virus

Tempo
Timp

Anno	An
Annuale	Anual
Calendario	Calendar
Decennio	Deceniu
Dopo	După
Futuro	Viitor
Giorno	Zi
Ieri	Ieri
Mattina	Dimineaţă
Mese	Lună
Mezzogiorno	Amiază
Minuto	Minut
Notte	Noapte
Oggi	Azi
Ora	Oră
Orologio	Ceas
Presto	Curând
Prima	Înainte
Secolo	Secol
Settimana	Săptămână

Tipi di Capelli
Tipuri de Par

Argento	Argint
Asciutto	Uscat
Bianco	Alb
Biondo	Blond
Breve	Scurt
Calvo	Chel
Colorato	Colorate
Grigio	Gri
Intrecciato	Împletit
Liscio	Neted
Lungo	Lung
Marrone	Maro
Morbido	Moale
Nero	Negru
Riccio	Cret
Riccioli	Bucle
Sano	Sănătos
Sottile	Subţire
Spessore	Gros
Trecce	Împletituri

Uccelli
Păsări

Airone	Stârc
Anatra	Raţă
Aquila	Vultur
Cicogna	Barză
Cigno	Lebădă
Cuculo	Cuc
Falco	Şoim
Fenicottero	Flamingo
Gabbiano	Pescăruş
Oca	Gâscă
Pappagallo	Papagal
Passero	Vrabie
Pavone	Păun
Pellicano	Pelican
Piccione	Porumbel
Pinguino	Pinguin
Pollo	Pui
Struzzo	Struţ
Tucano	Toucan
Uovo	Ou

Vacanze #2
Vacanţă #2

Aeroporto	Aeroport
Campeggio	Camping
Destinazione	Destinaţie
Foto	Fotografii
Hotel	Hotel
Isola	Insulă
Mappa	Hartă
Mare	Mare
Passaporto	Paşaport
Ristorante	Restaurant
Spiaggia	Plajă
Straniero	Străin
Taxi	Taxi
Tempo Libero	Timp Liber
Tenda	Cort
Trasporto	Transport
Treno	Tren
Vacanza	Vacanţă
Viaggio	Călătorie
Visto	Viză

Veicoli
Autovehicule

Aereo	Avion
Ambulanza	Ambulanţă
Auto	Maşină
Autobus	Autobuz
Barca	Barcă
Bicicletta	Bicicletă
Camion	Camion
Caravan	Caravană
Elicottero	Elicopter
Metropolitana	Metrou
Motore	Motor
Pneumatici	Anvelope
Razzo	Rachetă
Scooter	Scuter
Sottomarino	Submarin
Taxi	Taxi
Traghetto	Bac
Trattore	Tractor
Treno	Tren
Zattera	Plută

Verdure
Legume

Aglio	Usturoi
Broccolo	Broccoli
Carciofo	Anghinare
Carota	Morcov
Cetriolo	Castravete
Cipolla	Ceapă
Fungo	Ciupercă
Insalata	Salată
Melanzana	Vânătă
Patata	Cartof
Pisello	Mazăre
Pomodoro	Roşie
Prezzemolo	Pătrunjel
Rapa	Nap
Ravanello	Ridiche
Scalogno	Şalotă
Sedano	Ţelină
Spinaci	Spanac
Zenzero	Ghimbir
Zucca	Dovleac

Vestiti
Haine

Abito	Rochie
Braccialetto	Brăţară
Camicetta	Bluză
Camicia	Cămaşă
Cappello	Pălărie
Cappotto	Haina
Cintura	Curea
Collana	Colier
Giacca	Sacou
Gonna	Fusta
Grembiule	Şorţ
Guanti	Mănuşi
Jeans	Blugi
Maglione	Pulover
Moda	Modă
Pantaloni	Pantaloni
Pigiama	Pijama
Sandali	Sandale
Scarpa	Pantof
Sciarpa	Eşarfă

Virtù #1
Virtuţile #1

Affascinante	Fermecător
Affidabile	De Încredere
Appassionato	Pasionat
Artistico	Artistic
Buono	Bun
Curioso	Curios
Decisivo	Decisiv
Divertente	Amuzant
Efficiente	Eficient
Generoso	Generos
Indipendente	Independent
Intelligente	Inteligent
Modesto	Modest
Paziente	Pacient
Pratico	Practic
Pulito	Curat
Saggio	Înţelept
Utile	Util

Congratulazioni

Ce l'hai fatta!

Speriamo che questo libro vi sia piaciuto tanto quanto a noi è piaciuto concepirlo. Ci sforziamo di creare libri della più alta qualità possibile.
Questa edizione è progettata per fornire un apprendimento intelligente, di qualità e divertente!

Le è piaciuto questo libro?

Una Semplice Richiesta

Questi libri esistono grazie alle recensioni che pubblicate.

Puoi aiutarci lasciando una recensione
ora a questo link ?

BestBooksActivity.com/Recensioni50

SFIDA FINALE!

Sfida n°1

Sei pronto per il tuo gioco gratuito? Li usiamo sempre, ma non sono così facili da trovare - ecco i **Sinonimi!**

Scrivi 5 parole che hai trovato nei puzzle (n° 21, n° 36, n° 76) e prova a trovare 2 sinonimi per ogni parola.

Scrivi 5 parole del *Puzzle 21*

Parole	Sinonimo 1	Sinonimo 2

Scrivi 5 parole del *Puzzle 36*

Parole	Sinonimo 1	Sinonimo 2

Scrivi 5 parole del *Puzzle 76*

Parole	Sinonimo 1	Sinonimo 2

Sfida n°2

Ora che ti sei riscaldato, scrivi 5 parole che hai trovato nei puzzle n° 9, n° 17 e n° 25 e cerca di trovare 2 contrari per ogni parola. Quanti ne puoi trovare in 20 minuti?

Scrivi 5 parole del **Puzzle 9**

Parole	Antonimo 1	Antonimo 2

Scrivi 5 parole del **Puzzle 17**

Parole	Antonimo 1	Antonimo 2

Scrivi 5 parole del **Puzzle 25**

Parole	Antonimo 1	Antonimo 2

Sfida n°3

Grande! Questa sfida  non è niente per te!

Pronto per la sfida finale? Scegli 10 parole che hai scoperto nei diversi puzzle e scrivile qui sotto.

1.	6.
2.	7.
3.	8.
4.	9.
5.	10.

Ora scrivi un testo pensando a una persona, un animale o un luogo che ti piace.

Puoi usare l'ultima pagina di questo libro come bozza.

La tua composizione:

_____

_____

_____

_____

_____

_____

_____

_____

_____

TACCUINO:

A PRESTO!

Tutta la Squadra

SCOPRIRE GIOCHI GRATIS

GO

↓